醉文明

马未都_著

收藏马未都

10/10

中信出版集团 | 北京

目录

自　序

此套书终极版共有十册，前后出版了八年。这期间陆续写过两序。事隔几年重读旧序，仍觉得关于传统文化的话说得分量已足，再说都是赘言。新瓶旧酒，越久越醇；赏的是瓶，品的是酒。对于读者，饮之通泰为上上；对于作者，观之欢愉则为中上，均为人生之快事也。

人生快事自古多样。明末清初有个文学批评家叫金圣叹，名字是他自己改的，听着有些古怪，但含义很深。他对《水浒传》《西厢记》《左传》都有过批评，尤其对《水浒传》和《西厢记》的评点详尽且细致入微，眼光独特犀利，同时代乃至后时代的学者都给予了极高的评价，连顺治皇帝都说“此是古文高手，莫以时文眼看他”。但金圣叹命运不济，因冤问斩，临刑前允许他畅饮告别人生，他边饮边说：“割头，痛事也；饮酒，快事也；割头而先饮酒，痛快痛快！”

由此可见痛快之事因人认知而有所大不同。写作为先，饮酒为后，《醉文明》丛书基于此才有“醉”字。我们的文化源远流长，沉淀厚重，享受容易解释难。几千年来，国人在此文化的滋养下，享受其果，忽略其因，而我仅是解释其因，养护其果而已。因果之间相生相灭，亦可以看成因果互为，所以佛教说：无为无因果。

这书不是写出来的，是说出来的，故自由随意。说出来的书比写出来的书多一分自由，少一分拘谨。想想四大名著中，《三国演义》《西游记》《水浒传》都是先说出来再落成文字的。三部巨作流传甚广就是缘于初始的自由，提炼的随意。自由与随意构成了书籍的某一种状态，于是就有了这部《醉文明》。

看书、读书、说书、著书乃古之四事，此四事于观者介于看读之间，于作者介于说著之间，其中差距微妙，感受奇特。看书之看为阅，读书之读为学；说书之说为泄，著书之著为垒；阅、学、泄、垒乃四种与书相关之状态，勾连你我，组成了这个纷杂的精神世界。

唯一值得赞叹的是，我们所处的世界积累了先人的文化遗存，我们仅是继承者，坐享其成，无法言谢。

是为序。

马未都

己亥端午改定

三阳开泰贺新春

羊在十二生肖中居第八位，是安定与繁荣的象征。羊与古人的生活密切相关，六畜即“马牛羊鸡犬豕”，“羊”名列其中。这种温柔和顺的动物，伴随人类生活了数千年。古人给予羊美好的寓意和联想，以象形之法造出的“羊”字，左右对称，与“祥”通假，有美好吉利之意。

清嘉庆　松石绿地花卉纹吉祥如意碗　观复博物馆藏

这是一个粉彩官窑碗，在清代是宫廷器物，通常作为茶盏使用。在葵绿色的地儿上写字，是清代康熙以后的烧制风格，雍正、乾隆年间很流行在色地儿上写字。这个茶碗是嘉庆时期的，其底款儿是“大清嘉庆年制”。

它是嘉庆时期的一个官窑碗，保留了乾隆时期富丽堂皇的特征。乾隆时期国泰民安，国家的经济实力较强，所有商品的表面特征都活泼热闹，碗面上有“吉祥如意”字样。

在古代宫廷里，这种茶碗一般是皇帝或嫔妃饮茶及喝其他饮品的器皿，吃饭时若使用这种又小又深的碗，非常不便。这个茶碗的色彩很别致，绿中泛黄，红中泛粉，色泽柔和，搭配得当。画面上有蝙蝠和各种花卉，画工细致到位，边饰有许多如意，上书“吉祥如意”，带着祝福的意味。

清代　银羊　高 13 厘米
观复博物馆藏

这是一尊清代的银羊，体态非常肥硕，从其肥厚的尾巴可以判断出，它是只绵羊。这是藏传佛教中的文物，作为供奉的摆件。这只羊的姿态非常祥和，身上有细致的纹饰，足下踩着莲花。在中国文化中，羊的主要寓意就是吉祥如意。

1.“美”“善”“养”“群”都与什么有关？

这四个字都与“羊”有关。在这些字中，“羊”是个偏旁部首。“美”字中，“羊”在上半部分，中间的竖没有向下延伸，下面是一个“大”字，羊大为“美”，因此“美”也指“羊”。在古代汉语中，“羊”与“祥”通假，古代青铜器上有“大吉羊”三字，便是“大吉祥”之意。“善”字上面是“羊”，下面是草字头和“口”字。“养”字的“羊”是个偏羊。“群”指羊群，这是因为羊经常聚成一群，喜欢群居，因此，“群”字最初指羊群，而非马群、牛群。

“羊”在中国古文字中地位较高，金文中的“羊”字很像绵羊，字体是对称的。中国人喜欢对称，“大吉羊”三个字都是对称的，因此，“羊”字在中国古代是一个非常吉利的字。《说文解字》中有“羊，祥也”，说明“羊”与“祥”字相通。“凡羊之属皆从羊”，说明偏旁部首中有“羊”的，都蕴含着吉祥美好之意，包括羊字头和偏羊旁。

大吉羊　篆书字图

金文中的“羊”字

羊，祥也。从𦍌，象头角足尾之形。孔子曰：“牛羊之字以形举也。”凡羊之属皆从羊。

——《说文解字》

美，甘也。从羊从大。羊在六畜主给膳也。美与善同意。

——《说文解字》

善，吉也。

——《说文解字》

养，供养也。从食羊声。

——《说文解字》

群，辈也。

——《说文解字》

兽三为群。

——《国语·周语》

这是秦统一文字以后“美”“善”“养”“群”四个字的小篆体写法。“美，甘也”，意为甘美，“从羊从大”，“甘”就是甜。“羊在六畜主给膳也”，说明羊在六畜中主要是供人食用的；“美”与“善”是同义词，古代汉字中“美”“善”是同一个字，形容人很善良，也可以说品德美，“善”是善良美好之意。“养”是生育之意，哺育、哺乳都称为“养”。俗话说的“养孩子”就是哺育孩子。“群”指聚集，最初指羊聚集在一起，后来引申为人群。“美”“善”“养”“群”这些带有“羊”字偏旁的字都是有着美好寓意的字。

《说文解字》中的篆字

羊的品种很多，绵羊是分布最广的羊，以角大且呈螺旋形为特征，其中家畜绵羊因出产羊毛而被广泛饲养，我国产的盘羊则是绵羊中体形最大的一种。山羊以嘴下有须为特征，山羊比绵羊更能忍受恶劣的环境，在世界各地都有人养殖。中国古代的羊文化中有“跪乳之恩”一说，说明羊的文化源远流长。

关于羊的文物有很多，最著名的是四羊方尊，它是中国的国之重宝，目前被收藏在中国国家博物馆中。此外还有大英博物馆收藏的双羊尊、日本藤田美术馆收藏的羊尊等。战国中晚期出产的羚羊饰件受游牧文化影响，羊的形象充满野性，体现了野生羊的状态。

商代后期　四羊方尊　高 58.3 厘米
1938 年湖南宁乡月山铺出土　中国国家博物馆藏

商代　青铜双羊尊　高 45.1 厘米
重 10.6 千克　大英博物馆藏

商代后期　羊尊　通高 15.4 厘米　日本藤田美术馆藏

战国中晚期　羚羊饰件　高 17.4 厘米　1974 年内蒙古准格尔旗玉隆太征集
内蒙古自治区博物馆藏

2. 泰卦在六十四卦中排第几？

太极八卦图

泰卦

否卦

八卦即乾、坤、震、巽、坎、离、艮、兑，也就是天、地、雷、风、水、火、山、泽。八卦两两组合时，呈现出六十四卦，泰卦与否卦是一对，其中泰卦排第十一位。八卦中，三分长为乾，六分短为坤，泰卦是坤上乾下，否卦是乾上坤下。生活中形容人时来运转，常用“否极泰来”。六十四卦的卦象中，一横长、两横短的排列，称为“爻象”，是相互交错之意。

泰卦一象，谓之“天地交，而万物通也”。见到“泰”，便是万事皆顺，大吉大利，以“求财”来卜，就是财运亨通；以“求婚”来卜，就是花好月圆。而与吉“羊”同行，更有着特殊的含义。以“三只大角羊聚立于一处”的特定造型“三阳开泰”，便是融汇了羊与泰卦的吉兆，成为年俗文化中的经典。

“三阳开泰”，通常用丁贺岁，是冬去春来、万物复苏之意，意味着吉祥亨通，好运将至。古代文物中经常用生活中的“羊”代表太阳的“阳”。泰卦三个阳爻的“阳”很抽象，难以表现，因此通常用三只羊的形象来表达“三阳开泰”之意。很多玉件便是三只羊聚在一起，称为“三羊开泰”。

清代　白玉雕“三羊开泰”摆件　长9厘米
观复博物馆藏

关于“三羊开泰”，曾经有一个绝妙的对联。相传一位老先生在泰山游玩时看到三只山羊，分别是黑色的、白色的和灰色的，于是老先生想出一个上联——“黑山羊、白山羊、灰山羊，三羊开泰”，下联十分难对。我曾对出“海王星、天王星、冥王星，九星连珠”的下联。太阳系中有九大行星，包括金星、木星、水星、火星、土星、地球、海王星、天王星、冥王星①。“九星连珠”在天文学中很难形成，几千年才能出现一次。但上联中“三羊开泰”是取谐音，“羊”指山羊，“泰”指泰山，“三羊开泰”一语双关，而下联中的“九星连珠”十分直白，无法与上联呼应，对仗不够工整，依旧需要改进。

有一个类似的对联，上下联天衣无缝。上联是“三光日月星”，指三种发光的物体，即太阳、月亮和星星。这个对联的上联非常巧妙，不仅将数字点出来，还对物体进行了排列。按照中国传统的对联习惯，上联出现的数字，下联便不能再出现，并且依然需要排列，于是有人据此对

---

① 2006年8月24日，第26届国际天文学联合会大会通过第5号决议，将冥王星自太阳系九大行星中除名，降级为矮行星。“九大行星”的说法成为历史，取而代之的是“八大行星”。——编者注

出下联“四诗风雅颂”。“风雅颂”是诗经中的三个部分，其中“雅”又分为“大雅”“小雅”，“四诗风雅颂”对仗严谨、工整。

3. 羊拐是羊前腿的骨头，还是后腿的骨头？

羊拐是羊后腿的骨头。奔跑速度快的动物通常后腿都很灵活，其后腿永远保持弯曲状态，随时准备奔跑，比如豹子、老虎、狗、羊。人类的奔跑速度之所以比不上这些动物，其中一个原因就是人类的腿是直的。

曾经有一种游戏叫“抓羊拐”，东北人称之为“嘎拉哈”，这种游戏从金代开始在游牧民族中流行。羊喜欢聚成一群，可以放牧，因此游牧民族能够获得很多羊拐。过去在北方大地的大街小巷，经常能看到女孩们在玩“抓羊拐”。

女孩们将4个羊拐骨放在地上，抛起沙包或皮球，再将羊拐依次翻面，然后接住沙包或皮球。羊拐骨有4个面，形状十分规则，这4个面都很容易站稳，玩的时候容易掌控，每个面代表一定的分数。“抓羊拐”是过去民间非常流行的游戏，羊拐被玩得时间长了，还会形成透明的光泽，也有的被涂上鲜艳的颜色。

“书包里带副拐，有空就玩起来”，今天的孩子们对这个游戏虽已陌生了，但它是许多代人的美好回忆。这些看似消逝的游戏，仍以别样的方式存在于人们的身边，比如六艺当中的“射”艺，如今已成为奥运会的正式比赛项目；让全世界为之疯狂的足球，前身就是蹴鞠；而唐朝最流行的体育项目马球，与现代马球仍有许多相似之处。这些生活的乐趣与智慧，不断演变延续，成为历经数千年的经典。

古玩门诊

古玩一

清雍正　粉彩描金孔雀牡丹纹盆

这是一个粉彩大盆，年份是雍正后期到乾隆早期，距今大约280年。其颜色红绿相配，鲜艳漂亮，构图热闹，十分喜庆。盆中央有硕大的牡丹，两侧有一对孔雀。画面上有大量描金，闪闪发亮，富丽堂皇。它是一件海外归来的文物，边缘上略有磕碰造成的损坏，做过一些修复。

大盆的图画是传统的吉祥图案——富贵牡丹。在康、雍、乾时期，这种图案对西方影响很大。它作为当时中国文化的典型代表，进行着文化传播。很多西方国家向中国定制的瓷器都模仿这种画片，所不同的是它们要求做出一些西方风格的边，说明早在300多年前，中国已经在进行良好的文化输出。鸦片战争后，中国在国力上开始衰落。康、雍、乾时期是中国封建帝王史上的最后一次高峰，这件粉彩大盆作为一件外销商品，体现了那时的盛世状态。

古玩二

清晚期　矾红描金龙凤纹双耳瓶

这是一个红色的瓷瓶，画得十分漂亮，其颜色是金红色，以金为主，所有的细节表达都非常细致，很费工夫。这种超细的画法与其底款儿十分不符，底款儿是“大清嘉庆年制”。在风格上，它略有嘉庆年间的味道，但是图案中龙的眼睛画得并不到位。

这个瓷瓶的年份大约是光绪晚期、宣统到民国初年，有如下两个特点。第一，它的耳部原本应有两个环，因为双耳上都有孔，但环没有了。瓷器耳部活环的工艺在晚清和民国时期很流行，有一种摇曳的对称美。第二，瓷器的双耳上趴着两条龙，龙的眼睛描绘得很立体逼真，画得十分细致，这种细碎的画法流行于民国初年。

瓷器内部是淡淡的湖蓝色，其底足很厚，这些都是晚清时期的特征，现代仿制品很少有如此厚的底足。

花瓶的画工相对完美，龙纹虽然画得很细致，但没有清朝前期龙的那种力量。这是一个很符合民国风的晚清花瓶，受到西方文化的一些影响，带着点洋味儿。

古玩三

清中期　清供瓷摆件

这是一个清供瓷摆件，图案内容丰富，画了四个荸荠和一个苹果，寓意“四季平安”。大花瓶中插满了牡丹，寓意“平生富贵”。一个大芭蕉叶，寓意“家大业大，荫佑子孙”。此外，还有菱角和水仙，寓意“灵仙祝寿”。

这种图案在古代被称为“清供”，通常一进腊月，家中就会将清供摆出来，以祈祷未来的生活美好，同时增加节日气氛，更加喜庆。清供有很多种形式，有的画成画，有的直接摆放。这件清供摆件画片的内容十分吉祥欢喜，都是生活中有美好含义的事物。在摆放清供的同时，家中也会供奉一些蔬果点心。过了正月，人们就会将它们吃掉。

中国有文字记载的历史约有4000年，有实物记载的历史约有8000年。8000年来，中国人对生活的基本追求都是祥和、安定、美好，过年时的清供物品更有吉祥意味。

古玩四

清嘉庆　青花十二生肖卷缸

这是一个十二生肖小卷缸。卷缸在古代是文人放置在案头的器皿，通常用来装杂物。卷缸表面是十二生肖画片，此外还有“福”“寿”：“福”便是蝙蝠，“寿”是寿桃。“福”“寿”是人们生活中的终极追求，尤其在民间，古代有“三星福禄寿”之说，其中的“禄”指做官。做官并不是多数百姓的追求，因为成功的概率很低。但“福”“寿”是普通人能够追求的，因此在画片中只有“福”“寿”，没有“禄”。

小卷缸上的画片十二生肖，包括子鼠、丑牛、寅虎、卯兔、辰龙、巳蛇、午马、未羊、申猴、酉鸡、戌狗、亥猪，画得十分有趣。

这个卷缸传递了很多信息，画片上所有纹样都是略微凸起的，凸起中加了白，是用白粉堆起来的。小卷缸的器型相对饱满，是清中期偏后时期最流行的缸形，其纹样中的十二生肖也是当时比较流行的，而表面的隆起也是清代嘉庆到道光时期最流行的凸起方式。

小卷缸上的画片将十二生肖画得很满，这在古时并不多见，其年份大约在嘉庆到道光时期，加白的方式也是这一时期的典型特征。其画片的画法虽然略显笨拙，但与现代的画风大相径庭，现代器物没有这种灵动的妙趣。

赏灯猜谜闹元宵

在古代，元旦便是春节，元旦之后有“上元节”，人们在上元节的夜晚张灯结彩，因此又叫“上元灯彩”，也称为“元宵”或“元夜”。此外还有“中元节”和“下元节”，七月十五是中元节，也就是“鬼节”，十月十五是下元节。

中国古人对圆形的喜爱，使满月这一形象深入人心。元宵节作为新年里的第一个月圆之夜，寓意团圆。在元宵节 2000 多年的历史中，不同朝代庆祝这一节日的方式与活动有所不同，但食元宵、赏花灯、猜灯谜等活动一直保留到今天，成为中国传统节日文化的瑰宝。

清乾隆　霁蓝釉青花釉里红一团和气纹盘
观复博物馆藏

这是一个乾隆年间的青花釉里红盘，色彩大部分是釉里红，盘子背面有霁蓝釉，底款儿和画法都很有趣味。它的底款儿是“大明宣德年制”，没有写乾隆本朝的款儿。

盘子中央画了圆形图案，这代表着中国人对圆的追求。中国人非常喜欢圆形的东西，元宵节吃的汤圆、元宵都是圆的。盘中画片的传统名称叫“一团和气”，生活中需要一团和气，人与人之间、邻里之间、同事之间、亲戚之间融洽相处，这个画片是对“一团和气”的诠释。在古代，带有“一团和气”图案的器物，通常是过年时亲朋好友互赠的礼品。

画片的图案中有三个人，两个人是侧脸，组成一个正脸，三个人形成了一团和气，描述的是慧远法师、陆修静、陶渊明三人相见。这种图案化的处理在明清两代的宫廷中很流行，需要仔细观察，才能发现其中的趣味。此种构图体现了人与人之间和睦相处、朝野安定、国泰民安的社会状态。

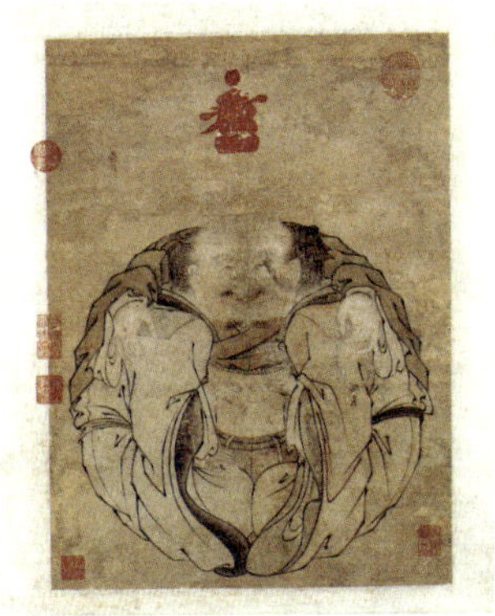

明代　朱见深一团和气

清雍正　识文描金华祥献瑞攒盒　直径 35.8 厘米
观复博物馆藏

这是一个清代宫廷识文描金漆盒，漆盒做得非常漂亮，历经 200 多年，保存状态依旧完好。漆盒上黄色的都是黄金，黑色的是白银，原本很亮，但现在已经被氧化，颜色略微泛黑。漆盒上的纹样稍微凸起，盒盖上有四个字——“华祥献瑞”。

漆盒的内部是红金漆，由很多攒盒组成，每个攒盒都可以拿出来。攒盒中可以放 8 种干果。盒子是双层的，中间还可以放另外一种果品。在乾隆时期的宫廷里，此漆盒是一件普通器物，但它的做工非常精美，保存下来也不容易。

传统的春节，从初一到正月十五，人们家中都会准备一些干果招待朋友，这是一种风俗，表示喜庆。中国的传统节日是民族的文化瑰宝，“节”指每一个时间的节点，一年过去就有春节，再过去半个月就是上元节。

这种节日文化是几千年来逐渐积累下来的，后人不断进行丰富，让今天的人们能享用这份非常丰厚的中国古代文化。今天人们过节的时候会忽略传统文化的积累，反而多了很多外来节日，比如圣诞节和情人节。近些年来，中国开始重视传统节日，清明节、端午节和中秋节都会放假。尊重传统节日，这也是对本民族文化的尊重。

1. 元宵节起源于哪个朝代?

元宵节历史悠久，起源于汉朝。《艺文类聚》记载：“汉家以望日祀太一，从昏时到明。今夜游观灯，是其遗迹。”元宵节是汉民族传统文化的一部分，2000 多年来，汉族每年的正月十五都会过元宵节，放烟花，提彩灯。

《雍洛灵异小录》中描绘了元宵节时的景象：“灯明若昼，山棚高百余尺……士女无不夜游，车马塞路，有足不蹑地浮行数十步者。”上元灯彩是元宵节的典型文化特征，如同西方圣诞节中的圣诞树。中国人过春节时会贴春联，元宵节的标志之一则是元宵灯会。唐代的元宵灯会极其热闹，街上灯火通明，各种灯彩如绘画一样美丽，人们摩肩接踵，人山人海，极其拥挤，有些人甚至被挤得足不沾地，却走了数十步，这种景象如同今天在大城市中挤地铁。

宋代的《东京梦华录》记载：“正月十五日元宵，大内前自岁前冬至后，开封府绞缚山棚，立木正对宣德楼，游人已集御街两廊下。奇术异能，歌舞百戏，鳞鳞相切，乐声嘈杂十数里。”宋代元宵节时，大内（宫廷）会搭起大棚，游人们聚拢到宫廷前的御街上，在两廊下欣赏歌舞表演，如同鱼鳞相接一样络绎不绝，音乐声与嘈杂声绵延十余里。

元宵节的传说也始于汉代。汉惠帝刘盈死后，吕后篡权当政，国无宁日，社会动荡。吕后死后，周勃、陈平剪除吕后的势力，拥立刘恒为汉文帝，开始了文景之治时代，这是中国汉代的第一个盛世。平息吕后朋党之日，正是正月十五，此后每年正月十五的晚上，汉文帝都会微服出访，以示庆贺，由此逐渐形成了元宵节。

在古代，元宵节会放假。唐玄宗先天二年，即公元713年，正月十五重新取消了宵禁，全国张灯结彩，放假3天。古人对元宵节比较重视，因为新年之后的一段日子，人们会无所事事。中国古代是农耕社会，春耕还未开始前的这段日子可以放假，因此会举办3天灯会。

北宋时期元宵假期增加到5天，从正月十四到正月十八。明朝永乐年间，宫廷下诏，元宵节从正月十一开始，赐节假10天，这是中国历史上元宵节放假时间最长的一个时期。清代的元宵节各地放假时间不同，有3天、5天和7天。今天元宵节虽然不是法定假日，但人们依旧会开开心心过节，吃元宵，逛灯会，猜灯谜。

2. 猜灯谜

右边有，左边无；
后边有，前边无；
足上有，手上无；
嘴上有，耳上无；
哭时有，笑时无；
骂者有，打者无；
哑巴有，聋子无；
跛子有，麻子无；
和尚有，道士无；
天凉有，天热无；
吾有，你无；兄有，弟无；姑有，嫂无。

——打一字

每年正月十五闹元宵时，除了赏花灯和吃元宵，猜灯谜也是不可或缺的传统娱乐活动。猜灯谜在宋代开始兴盛，明清时期风靡全国。灯谜文字凝练，谜面概括，语言生动，宛如一篇有趣的小文。无论人们能否猜中，它都让参与者兴趣盎然，乐在其中。

古代在灯节时会准备灯谜，灯谜就是谜语，在花灯旁挂着很多写着谜语的纸条，猜中后就撕下来。

这个灯谜的谜底是“口”字，“口”字藏在一组字中，比如“骂”“右”“后”“足”等，而另一组字中不包含“口”字。灯谜中提到“口”，是因为元宵佳节要吃元宵。

在元宵节，北方人吃元宵，南方人吃汤圆。汤圆与元宵是有区别的，汤圆是包成的，元宵是滚成的。

明代刘若愚的《酌中志》提到了元宵的做法，“用糯米细面，内用核桃仁、白糖为果馅，洒水滚成，如核桃大，即江南所称汤圆”。“洒水滚成”是做元宵的工艺，“洒水”便是将元宵馅料沾上水，在糯米面中滚动，滚到不再沾糯米面了，再洒水继续滚动，一层层越滚越大，如同滚雪球。江南的汤圆是包起来的，先将面和好分开，再将馅料包入，最后揉圆，因此称包汤圆。

元宵和汤圆的馅料品种很多，有五仁的、豆沙的等。北方一般做甜口的元宵，南方有的地区会做肉馅汤圆，如同馄饨，十分美味。

3. 猜灯谜

口抹胭脂一点红，
随你万里任西东。
竹丝皮纸纵然密，
也怕旁人一口风。

——打一物

这个灯谜的谜底是灯笼。出这道灯谜的人，是明代大才子唐伯虎。文徵明、祝枝山、徐祯卿、唐伯虎并称明代四大才子，四人一同出行时，每人都写了一个灯谜。

文徵明：

竹将军筑城自卫，纸将军四面包围。铁将军穿城而过，木将军把住后背。

祝枝山：

淡竹枳壳制防风，一枝红花藏当中。熟地或许用半夏，生地车前仗此公。

徐祯卿：

墙里开花墙外红，心想采花路不通。通得路来花又谢，一场欢喜一场空。

唐伯虎：

口抹胭脂一点红，随你万里任西东。竹丝皮纸纵然密，也怕旁人一口风。

这些灯谜的谜底都是灯笼，显示了四大才子的过人才华。尤其祝枝山的灯谜，所使用的都是中药名，有枳壳、藏红花、半夏、淡竹、防风、红花、熟地、生地、车前草，非常巧妙。

徐祯卿的灯谜略带隐晦之意，表明了他当时的心理状态。唐伯虎的灯谜说明了灯笼的最大特点，虽然明亮美丽，可以提着四处溜达，但一口气就能吹灭。

今天的灯笼与古代不同，不再点火，而采用电灯，使用电池。古代的纸灯笼，内部点燃蜡烛，就会随风摇曳，显得神秘而美丽，颇有韵味。

这是古时外国人到北京看到的元宵节热闹景象，他们将当时的情景刻录到铜版画上，如同今天的纪录片。铜版画中的灯笼十分复杂，有一些还带着流苏。

北京灯笼铺　西方铜版画

古玩门诊

古玩一

明中期　青花麒麟文字纹花口盘

这是一个青花瓷盘，盘面上写着“金玉满堂，长命富贵”。盘子是花口盘，与常见的圆形盘不同。古代很多金属盘更流行花口，因此元青花中花口盘较多。盘子的颜色很深，并不鲜亮，这是苏麻离青颜料的典型特征。苏麻离青颜料又称苏料，元代及明初的永宣时期使用的青花料便是苏麻离青。这是一种外来材料，颜色很深，深入胎骨。

这个青花盘保留了明初的特点，其年份大约在明代早期至中期，可能属于空白期或者宣德后的一段时期。盘子的主要特征在于其画片的构成，麒麟的画法完全是卧姿，这是偏早期的风格。明末清初的麒麟都是坐姿，到康熙时期麒麟就站起来了，这是一种规律。盘上的麒麟呈卧姿，说明它是明中期偏早年间的，在宣德后期或者在空白期，还带有宣德的特征，距今有 500 多年了。

青花盘上有十分喜庆的 8 个字，“金玉满堂，长命富贵”。盘子只有一处美中不足，在盘边上有两块缺损，从背面看得更清楚。

古玩二

清代　仙人骑凤螭吻兽

这是一个螭吻，在生活中并不多见。它是建筑上的构件，从其尺寸上判断，它所属的建筑物并不大，大概有乡村的土地庙大小。螭吻通常站在屋脊上，由低到高排列着几个神兽，数量有5、6、9不等，有的甚至有11个。螭吻的一排神兽中，只有第一个神兽上骑着人，这是一个仙人，骑着凤凰，寓意龙凤呈祥。

这个螭吻的年份是清代，式样比较简单。古代建筑的规制很多，其构造、体积、长宽比例，都与建筑物主人的身份等级相对应，这些从宋代开始定型。宋代有一部建筑学名著《营造法式》，“法”就是方法，在进行建筑工程时要依照这些规矩建造房屋。螭吻是古代建筑房脊上的一排装饰，带有各种文化符号。这件螭吻便来自屋脊，可惜头部破损了，后期进行了简略的模仿修复。

古玩三

这是一个清末的痰盂，专业术语称为“唾盂”。古代民间家境较好的家庭中，在床头或椅子前，都会放一个唾盂，用来吐痰。

痰盂画片上有一只鹭鸶和一朵芙蓉，谐音的寓意是“一路福荣”，或是“一路荣华”。画片的背面有诗，“荣艳垂荫抚碧流，雪衣公子立方舟”，“雪衣公子”指的是白色的鹭鸶。

清末　粉彩芙蓉鹭鸶纹唾盂

这个痰盂的画风在当时很时髦，非常喜庆，原本有一对儿，可能是老夫妇两人分用，也可能分别放在卧室和客厅。痰盂的装饰中有金线，是一种氧化铝，民国以后这种装饰越来越多。

古玩四

清嘉庆　百子龙灯将军罐

这是一个将军罐，其画片十分有趣，画面上有“天下太平”字样，有很多儿童在放鞭炮，玩龙灯和鱼灯，欢庆元宵节，此图名为“百子龙灯”。

将军罐的盖子是后来搭配的，原本应该是瓷盖，但被失手打碎，换成了一个木盖。这个将军罐距今有200多年了，后配的盖子也有近百年的历史。它是清代嘉庆、道光时期的器物，保留了乾隆时期粉彩的华美。古人只有在生活美满时才有心情画“百子龙灯”。“百子龙灯”是中国瓷器中的重要题材，皇家也爱喜庆，因此官窑中也有这一题材。

这种将军罐通常是陈设瓷，并不做实际应用，也有人用它装米，只不过很容易打碎。在当时，这种将军罐属于中档偏上的商品，一般摆放在比较富裕的人家，如商人或是有一定社会地位的人，放在客厅的大条案上。

这个“百子龙灯”将军罐的颜色与内容都特别喜庆，画片上有很多小孩，姿态各异，手中拿着不同的物品。这个将军罐为人们提供了200多年前节日文化的信息，反映了当时元宵节的热闹景象。

秦兵汉俑颂英魂

中国的汉字非常严谨，“雕塑”由两个字组成，一为“雕”，一为“塑”。“雕”是减法，在石头或木头上进行雕刻时，需要不断地去掉多余的部分，留下需要的部分。“塑”是加法，不停地添加，陶器便是捏起来的，因此叫塑。今天人们看到的雕塑，通常都是成型的，比如人像、动物像，统称雕塑，而在古代，“雕”和“塑”是两种不同的工艺。

西汉　铜错金银象形镇　长 9.7 厘米
观复博物馆藏

这是一个西汉时期铜错金银象形镇，在古代是一种摆件陈设。它是一件金属雕塑，从塑造角度看，金属并不是软性材料。陶瓷可以用软性材料塑形以后烧制，金属却需要利用模子，一次成型。因此，金属雕塑介于“雕”和“塑”之间，不过人们将其统称为雕塑作品。

这是个铜错金银的雕塑，白色部分为银，黄色部分为金，是一头大象的造型。商周时期的青铜造型中，有很多象的造型。在当时的中国大地上，象的分布面积很广，河南地区曾出土过象牙。现在河南已经没有大象了，只有云南西双版纳地区还有亚洲象。人类的活动使大象的生存力越来越弱，数量越来越少。古人云："象以齿焚身，蚌以珠剖体。"大象因为有两颗壮美的象牙，招来了杀身之祸。今天保护野生动物是人类共有的理念，保护野生动物的时间非常紧迫，稍有疏忽，一些动物就会灭绝。

这是中国2000多年前的一件工艺品，这只铜错金银大象的整体雕塑风格与欧洲的雕塑概念不同。欧洲早期希腊人的雕塑都非常写实，比例真实，而中国的雕塑较为写意，这件大象雕塑将大象的拙劲儿展露无遗，是一种很敦实的拙劲儿，但并不写实。这是一件重要文物，铜错金银的纹饰表现了古人内心的追求，真实的大象身上并没有纹饰，这件文物表达的只是人们心中的纹饰。

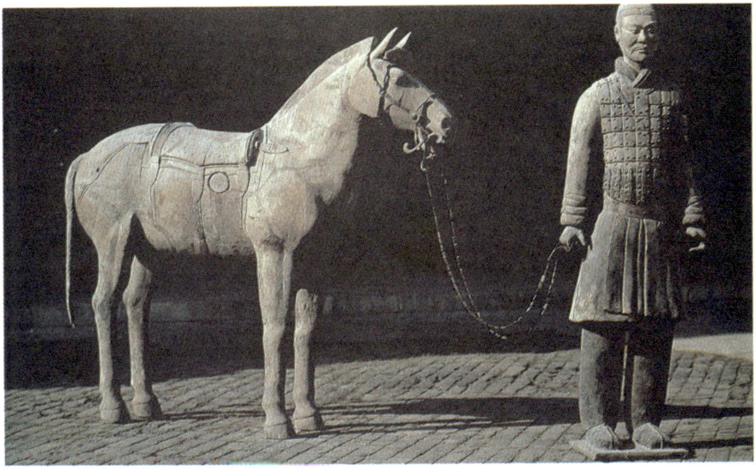

骑兵鞍马俑

这是西汉时期的骑兵俑。秦始皇陵中的战车是整个兵马俑阵的中心部分，结合相关文献可以推测，秦代作战基本仍以战车为主，步兵为辅，骑兵较少。赵武灵王开始胡服骑射，汉代时骑兵成为部队主力，从汉阳陵中出土的骑兵俑中可以看出这种阵容。

历史不断向前推进，战争的形态变化很快，未来的战争将在信息化之间博弈，而非单兵作战，短兵相接。仅在秦汉之间，战争状态的变化就令人十分惊讶，这些骑兵俑让人们感受到了它所在的时代与今天的距离。这些 2000 多年前的雕塑，在今天是受到国家保护的文物。秦始皇陵和汉景帝的汉阳陵是西安的两个早期陵墓，它们都体现了文明的进程。

1. 秦始皇陵出土了多少件俑？

秦始皇陵出土了 8000 多件俑，分 3 次出土。这 8000 多件只是一小部分，今天，秦始皇陵周围埋藏的兵马俑数量，人们说法不一，学者和专家预计有 10 万 ~30 万件。目前为止，挖掘出来的秦俑约占总数的 3%。

兵马俑坑是秦始皇陵的陪葬坑，距主墓室 1.5 千米，在主墓室的正东侧，这 3 个坑是陆续被发现的。秦始皇陵动工的时候，秦王嬴政才 13 岁，秦始皇陵营造了 37 年，直到秦始皇 50 岁。秦统一中国以后，秦始皇派 50 万士兵守五岭，派 50 万人筑长城，派 30 万人防匈奴，派 70 万人造皇陵，人力消耗非常巨大。司马迁的《史记·秦始皇本纪》记载，秦始皇陵征用了 70 万劳役，建了 37 年，其皇陵深度大于 30 米。

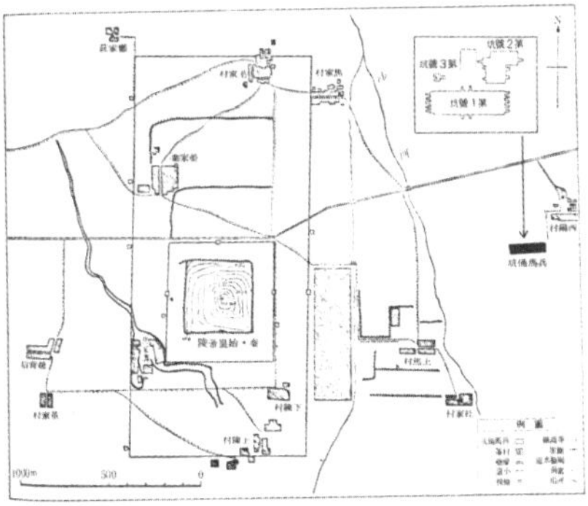

秦始皇陵与兵马俑坑位置图

秦始皇陵兵马俑

彩绘武士跪射俑

秦始皇陵不仅在中国陵寝史上首设陵邑，有寝殿、便殿，并首开大规模修建陪葬坑的风气。秦代以前，对先王的祭祀不在墓地进行，秦始皇首次将祭祀用的寝殿建在墓地。秦始皇的陵园内建有两重城垣，陵丘位于内城垣中偏南侧。

陵丘的西北 50 米处建有寝殿，附近还有其他建筑遗址，整个面积相当于近 78 个故宫的面积。在寝殿中，后人可以对秦始皇像进行供奉和祭祀。这种陵寝制度对后代产生了深远影响，被历代帝王陵墓效仿，直至明、清。秦始皇陵是中国古代丧葬文化的起点。

《史记》中记载，秦始皇陵在3层泉水之下，皇陵内部充满了奇珍异宝，暗藏各种机关，水银泻地，代表百川大河。水银有毒，也可以防止盗墓。整个墓顶镶了很多夜明珠，代表日月星辰、九州五岳。地下宫殿自成一国。

秦始皇没有子嗣的嫔妃也都殉葬。在战国以前，中国实行人殉制，君王死后就会有人陪葬。随着文明的发展，殉葬开始采用人殉的替代物，秦始皇陵兵马俑就是人殉的替代物。此时，依旧是两种制度并存，既有人殉，也有替代物殉葬。

秦始皇陵兵马俑阵容恢宏，所有秦俑都是陶俑，这是中国历史上最大型的陶俑，高度都是在1.8米左右。每个兵马俑都有表情，带有个性化特征，与后世雕塑有很大区别。有的愤怒，有的惊恐，都以真人为参照和比例进行塑造。

在中国古代雕塑中，兵马俑塑造人像的等级最高。首先，兵马俑的尺寸大，与真人大小相同。其次，兵马俑在细节的表达上十分丰富，兵马俑的发式复杂而清晰，反映了古人的日常，有编发，有发髻，还有的发髻歪着，有的发髻并不对称。兵马俑在陶塑过程中是分开制造的，头、手、脚单独塑造，做好后搭配在躯干上。

兵马俑举世闻名，每一件都是国宝，在出境展出的时候会引起轰动。

在古代，烧制这样的大型泥塑十分困难，火候不够，陶俑就很难被烧透，所有大型的俑都存在类似问题。虽然烧制陶器的温度低于烧制瓷器的温度，但温度也要达到1000℃。

兵马俑出土时颜色非常漂亮，有彩色漆皮。出土15分钟后，这些漆皮会卷起来，表面的颜色淡化消失，因此考古人员用现代摄像技术，及时拍下了新出土兵马俑的原貌。

兵马俑中有跪射俑，手中拿着弓箭。今天，人们可以通过兵马俑的阵势，想象当年手持兵器的彩色兵马俑的样子，以及整个兵马俑坑中的情形，就会明白征用 70 万人烧造兵马俑，是一个何其壮观的景象。

2. 汉阳陵出土的汉俑为什么没有胳膊？

汉阳陵是汉景帝刘启的陵墓，他与皇后王氏合葬于此。改革开放以后，咸阳修建机场，在勘察时发现了汉阳陵的陪葬坑，出土了很多汉俑。

汉俑很小，没有秦俑大，只有秦俑高度的1/3。秦俑等同于真人大小，高约 1.8 米，汉俑高约 0.6 米。汉俑非常细腻，表达全面，只是在出土的时候没有胳膊，十分奇特。

汉俑大部分是男俑，都有阳物，原本单独安装了木质的胳膊，但因为年代久远，已全部腐烂。每件汉俑也曾穿着各种漂亮的丝质衣服，并非裸体俑，经过 2000 多年，衣服也全部腐烂了。

中国古代雕塑作品对人物的衣饰，通常采用雕塑或绘画的方式来表现。兵马俑的衣服、盔甲均是烧制而成的，但继承了秦帝国政治和法律制度的大汉帝国，在陶俑制作上，却选择了截然不同的风格。这一切要追溯到西汉开国之祖刘邦。

刘邦生在沛（今徐州丰县），长在沛，深受楚国文化影响，因此汉俑的身姿、华服以及木质的手臂，都体现了楚俑浪漫主义的特点，但面部的生动刻画却沿袭了秦俑的风格。如果说楚俑是写意的，秦俑是写实的，那么汉俑就融汇了两家之长。汉代工艺师妙手生花，将汉代人丰富的内心世界和美好的情感塑成了永恒。

秦俑庄严肃穆，体现了秦国人的内心，每个人都是备战状态。到汉代，尤其文帝和景帝时期，社会状态比较稳定，因此汉俑的表情趋于平和。这种平和从容，也反映了文景之治时期汉人的整体精神面貌。

汉阳陵还出土了各种动物俑和人物俑。有做工细腻的绵羊俑（当时从西域引进了绵羊，而中原地区原本只有山羊）。此外，还有雄鸡俑和猪俑（猪在当时已经被驯化了，肚皮很大）。四川还出土了东汉的庖厨俑

（庖厨就是厨师，这个庖厨俑在杀鱼）。汉代，四川地区人民的生活相对安逸，因而有许多庖厨俑和说唱俑，它们的面部表情很舒心，说明其生活状态良好。

西汉俑

汉阳陵出土的雄鸡俑

东汉　庖厨俑
高 38 厘米　重庆化龙桥出土　中国国家博物馆藏

东汉　说唱俑
高 55 厘米　成都天回山出土　中国国家博物馆藏

3. 汉代大将霍去病活了多少岁？

霍去病是汉代大将。因为古代卫生条件不佳，疾病流行，所以古人早逝现象很普遍。霍去病名为“去病”，就是希望远离疾病（辛弃疾的“弃疾”也表达了同样的愿望），但霍去病确实因病而亡。

霍去病是河东平阳（今山西临汾）人，官至“骠骑将军”，成为汉武帝时期第一个被封为骠骑将军的军人（这是极高的荣誉）。汉代的军衔中，级别最高的是大将军，其次是骠骑将军。霍去病是汉代大将卫青的外甥，善骑射，用兵出其不意，与匈奴 6 次交手全部获胜，是中国历史上有名的常胜将军。霍去病 23 岁就去世了，因此汉武帝非常悲痛，厚葬了霍去病，其墓旁有很多著名的汉代雕塑。

在霍去病的墓前，矗立着 17 件动物石刻，气势恢宏，出神入化，堪称石刻艺术的精品，直到现在依然是雕刻艺术家观摩的典范。它们的诞生，要归功于汉武帝。

霍去病战功赫赫，汉武帝为了表彰他的卓越功勋，在他去世后，下旨为他修造了一座形同祁连山的大墓。

霍去病墓

霍去病下葬不久，汉武帝又命人招募能工巧匠，用完整的巨石雕刻成各种动物像和人像，安置在墓地中。这批石刻采用的石料完整硕大，质地十分坚硬。石刻中最具代表性的就是放置在墓冢前的核心雕刻——马踏匈奴。

汉代　马踏匈奴

这就是霍去病墓前最重要的雕塑——马踏匈奴，在马身下有一个匈奴人。这件雕塑介于圆雕和浮雕之间。

汉代　起马
长 2.6 米　陕西茂陵博物馆藏

这是汉代的起马，刻画了马即将起身的状态。汉代的雕塑非常简练，呈块状，注重大格局的表达，不强调细节。

汉代　伏虎
长 2 米　陕西茂陵博物馆藏

伏虎，就是卧虎。

这件文物刻画了人与熊正在搏斗。其实，熊也是汉代流行的雕塑形象。

霍去病墓前的 17 件石刻中，有马踏匈奴、起马、跃马、石人、人与熊等，对后来的墓葬产生了很多影响。第一，它体现了历史价值。马踏匈奴传递了历史上民族之间的冲突，这是文明进程中的激烈碰撞。第二，它表达了人类的追求。丧葬文化在世界各民族中都非常重要，这些石刻反映了当时雕塑的最高水准。

汉代　人与熊

古玩门诊

古玩一

清末　大漆描金福禄寿文字盒

这是一个描金的漆盒。在古代，漆器的种类很多，有的漆很薄，有的漆很厚。这件漆盒的漆层厚度适中，内部打过底灰，俗称打腻子。有底灰就会有断纹。传统的收藏家和研究者十分重视漆器的断纹。这件漆器上的断纹被称为“蛇腹断”，即断纹如同蛇腹的纹理。

漆器表面有花纹，两面是博古插花，正面画的描金纹饰是“福禄寿”三星。盒顶的图案是花鸟，背面是杜甫的诗，但工匠没有写完，末尾少了“浮云”二字。结尾有“壬辰年秋月书”的年款儿。

这件漆器的年份大约在清末时期，上方的盖子是后配的，比下方的部位美观。漆盒的整体状态不错，虽然有些地方掉漆了，但不需要修复，并不影响人们欣赏它的美。

古玩二

这是一只粉彩山水大碗，画面中山水分明，水上有船，其表面光亮如新。这是乾隆鼎盛时期的一外销碗，距今 250 多年了。与一般的外销瓷不同，这只碗上画着中国很传统的图案，如山水、亭台楼阁，还有庭院。碗的另一侧有一条帆船，画得生动细致。

清乾隆　外销粉彩山水人物纹碗

这只碗的尺寸较大，类似潘趣碗，但比潘趣碗略小。碗的内部还有纹饰，中央有小山水开光，画得很漂亮。这个粉彩碗反映了乾隆时期中国与西方的海上贸易状况。当时，这些外销瓷都通过海上丝绸之路运往欧洲。

古玩三

清晚期　粉彩女子坐像

这是一个女子坐像，她的脚是三寸金莲。宋代以后很多妇女缠足，除了游牧民族，汉族人都缠足。缠足是中国古代社会的一个陋习，严重影响了中国人近1000年的生活质量。古代讲究女人“行不露足”，就是指三寸金莲被遮挡在宽大的裙子中，即使行走，也不能显露出来。今天女性的脚都自然生长，很难做到行不露足。

这种带有缠足的女子像，其年份大约是晚清到民国初年，带有晚清的突出特征。女子身上的纹饰细腻，衣服是高领的，双脚交叉，这都是民国初年的特征。这是当时一个很时髦的女子塑像，其身份有可能是媒婆，也可能是大家闺秀。

古玩四

清晚期　青花福禄寿纹棒槌瓶

这是一个青花棒槌瓶。棒槌瓶分为硬棒槌和软棒槌，这个是软棒槌。它的瓶体过渡得比较柔和，瓶面上画着“福禄寿”，底款儿是“大清康熙年制”。其釉色不够平整、光亮，与康熙时期的“紧皮亮釉”不符，因此并不是康熙年间的。“大清康熙年制”有些模糊，字体是清代晚期的风格。其底部圈足胎质也略显疏松。

这件棒槌瓶表面的画片不及康熙时期的美观。晚清时期，景德镇衰落，很多工匠另择他业，一些学徒的技艺相对不佳。这件棒槌瓶的画片上，树木就画得很粗糙。人物的比例关系也表现出晚清时期的特征，身材很高，脑袋很小。其青花的颜色也属于晚清，是光绪年间仿康熙的青花，距今有100多年了。

隋釉唐彩话繁荣

遗留至今的隋唐时期的雕塑，大部分是宗教造像。中国各地的石窟中有许多隋唐时期的雕塑，近些年也出土了一些隋唐时期的雕塑，隋唐时期的造像工艺非常成熟，佛教信仰对造像工艺影响深远。

唐代　孔雀石雕狮形镇　高 14.8 厘米
观复博物馆藏

这是一尊唐代坐狮，虽不如乾陵武则天墓前的狮子雄壮，但态势却如出一辙，狮子的重心都是偏后的。唐代的很多文物都是用孔雀石制成的，这是唐代石制文物中的重要一支。唐代的很多容器、盒子都是用孔雀石制作的，孔雀石的雕塑并不多见。

石狮子头上的毛发呈下垂上卷状，明代石狮子的毛发都是大螺丝状，比如天安门前的石狮子。石狮子的脊椎略微弯曲，十分生动，其胸脯非常夸张地向前凸起，这与乾陵坐狮的胸部非常相似。

这尊石狮子传达了重要的历史信息，大汉与大唐是中国历史上重要的朝代。尤其在两朝的前期，有一种向外扩张的趋势，所以当时所有的艺术品都呈现这种风格。这尊唐狮尽管向后坐，但其态势却是向前的，随时保持出击的状态，体现了唐代的整体国势。石狮虽然是静态的，但嘴部张开，显得十分凶猛，透露着危险的气息。通过这尊雕塑，人们不仅欣赏了古代的雕塑艺术，还感受到了唐代的国力，领略了唐代遗风。

天安门前的石狮子

乾陵狮子　前胸

隋代　彩绘宫鬓仕女俑　高 44.5 厘米

这是一对隋朝女俑，有着浓厚的异域风格。隋代与秦代有许多相似之处，国祚都很短，其间都建设过大工程，如秦代修筑了长城，隋代开凿了大运河。

这对隋朝女俑的发型非常前卫，服饰也十分夸张，立体感很强，周身闪光，领子和肩膀处的衣服用内衬支起，下摆也极其夸张。

这对女俑反映了隋朝的社会风貌。东晋时期，鲜卑族入主中原。鲜卑族与汉族的审美差异很大。汉族审美比较平实，作为农耕民族，思想较为保守，不会做出过于夸张的造型。中国历史上大部分夸张造型，都是从少数民族传入的。少数民族的人相对心胸宽广，想象力丰富。汉族也能够敞开心胸接纳各民族的文化，使中华文化日益丰富。中华文化因此具有强大的抵抗力，绵延至今。

1. 历史上著名的灭佛事件有几次?

历史上著名的灭佛事件有 4 次，称为“三武一宗”。第一次灭佛事件在北魏太武帝时期，第二次在北周武帝时期，第三在唐武宗时期，这是“三武”。最后一次在五代时期，柴世宗在位期间进行了最后一次大规模灭佛。

河北邯郸和山东青州出土的佛像都有人为损坏的痕迹，它们可能受到了灭佛事件的影响。上海博物馆和山东青州博物馆中，所有的佛造像都有缺损，有的没头，有的没胳膊，有的身体碎裂，这都是灭佛事件留下的痕迹。

灭佛事件源于古代宗教和政权之间的冲突。古代宗教势力庞大，对政权造成了威胁，因此帝王下令灭佛。除了政治上的冲突，两者还有财产上的冲突。佛教最兴盛时，信徒甚众，人们将钱财、土地捐给寺院，寺院财产巨万，又不缴税，影响了政府财政。在这种情况下，统治者制造了灭佛事件。

隋唐时期的造像有显著的特征。中国绘画史上有一句名言，同样适用于隋唐时期的造像，即“曹衣出水，吴带当风”。这是当时画家进行绘画表达的方式：“曹衣出水”指人从水里站起后衣服的状态，衣服却贴在身上；“吴带当风”形容风吹起衣带的飘逸状态。

这便是“曹衣出水”，佛像的衣褶有一种湿淋淋的感觉，丝绸状地贴在身上。这是北齐的佛立像，其面相被学者誉为

“婴儿般的微笑”。只有婴儿的微笑才会如此纯真，心地干净，没有复杂的情绪与虚伪。北齐时期造像的面相，最重要的特征就是闪现着婴儿般的微笑，自然而然地心生欢喜。

北齐　佛立像

约公元前 150 年　大理石雕像
《断臂的维纳斯》
高 204 厘米　法国卢浮宫藏

6 世纪　观音菩萨立像

上页下图是6世纪观音菩萨立像，受到印度文化影响，衣服紧贴在身上。7世纪的造像，也受到印度文化影响。可以看出，中国早期的石造像深受古希腊、古罗马、古印度影响。北朝以后，尤其到了隋唐时期，中国才形成了自己的雕塑文化。这尊唐代的立像，对丝绸质感的表达十分到位，其衣褶的表现手法可与著名的《断臂的维纳斯》的衣服媲美。

唐代　力士立像

这尊立像的形态便是“吴带当风”，佛像下身着装呈飘动状态。石材是坚硬的，很难做得非常飘逸，容易受损。这件雕像在飘逸方面做得相对夸张。

隋代　佛五尊造像碑

隋代　观音菩萨立像

唐代　观音菩萨坐像

唐代　菩萨立像

这是隋代的佛造像，偏瘦，唐代的造像偏胖，因为唐代以胖为美。造像的衣褶像被微风吹拂着，随风飘荡。佛像的面容非常安静，面庞很圆润，非常丰满。

2. 乾陵埋葬着武则天和谁？

乾陵埋葬着武则天和唐高宗李治。李治是唐太宗李世民的第九子，也是长孙皇后的第三子，嫡出。李治在位 30 多年，开创了永徽之治，这是唐开元盛世后的另一个盛世。

乾陵位于陕西省咸阳市乾县，坐落于唐代首都长安的西北方向，合葬着唐高宗李治和武则天。乾陵依山而造，陵园内有大量的石雕作品，包括各国友好使节石像、石刻华表，以及为高宗李治与武则天歌功颂德的述圣纪碑和无字碑等。陵园中的雕塑作品不仅展现了盛唐陵园的磅礴气势，也是后人研究李治与武则天时期的历史的珍贵资料。

龙门石窟卢舍那大佛

唐代的佛像非常雍容，龙门石窟的卢舍那大佛始造于唐高宗咸亨三年（672），是李治在位期间下令开凿的，由武则天出资建造。武则天虽身为皇后，但公私分明，用两万贯私房钱（也称脂粉钱），开凿了龙门石窟卢舍那大佛。据说卢舍那大佛的面相，就是按武则天的面相塑造的，今天人们仍然可以从佛像上感受到武则天的长相。

乾陵主陵

今天的乾陵经过了重新修整。30 年前，那里还荒草遍地，农田错落，一片衰败景象。可见 30 年来，中国对文化的重视程度有所提高。

唐玄宗开元四年（716）蹲狮 （石灰岩）
通座高 295 厘米　陕西蒲城金炽山唐睿宗李旦桥陵

上页下图是著名的唐狮，其重心偏后，两条前腿向前伸展，非常壮硕凶猛。与天安门前明初的狮子不同，它气势更强。

乾陵华表

这是乾陵的华表，周边原本是一片荒野，现今郁郁葱葱。

雄狮　唐武周天授年间　陕西咸阳陈家村武则天之母杨氏顺陵

上页下图是武则天的母亲杨氏顺陵前的雄狮，狮子的眉头皱起，狮口大开，与非洲草原雄狮的状态十分相似，非常写实，准确地传达出狮子这种外来之兽的凶猛。顺陵中还有天鹿，但它没有翅膀。

唐武周天授年间　天鹿

唐代最著名的浮雕——昭陵六骏的飒露紫早年被盗，现收藏于美国宾夕法尼亚大学博物馆。这些浮雕体现了中华文明的辉煌与衰落，在中国衰落的年份，辉煌时期的宝物被别人盗走，运到世界各地。唐代的昭陵六骏全部被砸碎偷走，在运往美国途中，只有两个被偷运出境，余下 4 个收藏在陕西省博物馆。

昭陵六骏浮雕是昭陵最著名的文物，特勒骠、青骓、什伐赤、飒露紫、拳毛騧和白碲乌，它们是唐太宗最心爱的战马。它们死后则被工匠永远留在了昭陵浮雕上。浮雕线条流畅，刀工精细，六匹战功赫赫的骏马呼之欲出，让人仿佛能够感受到唐太宗策马奔腾的景象。

唐代　昭陵六骏

3. 有一种唐代陶俑被称为“昆仑奴”，电视剧《大明宫词》中也提到过。“昆仑奴”是哪里人？

《大明宫词》中，太平公主逛坊市，看到一种奴隶，面色黝黑，说是从海上贩运来的，供给贵族家庭，就是昆仑奴。昆仑奴是非洲黑人。唐代是非常开放的，国家敞开胸襟，接纳全世界。

唐大中四年　黑人俑

这是唐宣宗大中四年（850）的黑人俑，鬈发，身体是黑色的，身体逾丈，十分壮硕。从人种的角度上看，非洲人比中国人高大，有耐力。奥运会上，黑人在长跑、短跑等耐力和速度类的项目上都很强，中国人的体格略逊一筹。

唐代　黑人杂技俑

这是黑人杂技俑，着重表现了黑人的天然鬈发。唐代，这种人俑非常多。

唐代　骑马胡人俑
唐玄宗开元十一年（723）骆驼载乐俑

除了黑人俑，唐代还有胡人俑。这是骑马胡人俑，这个胡人长着浓密的大胡子，连鬓络腮，鹰鼻鹞眼。

唐天宝年间　单髻女立俑

这是一个唐代女子俑，皮肤光滑，五官端正，体现了唐代妇女的丰腴身材。在唐代，肥胖是一种审美潮流。她身材圆润饱满，十分可爱，发髻歪向一侧，也很时尚。

唐代最多的雕塑是唐三彩，有各种动物形象，比如骆驼，也有胡人、黑人和汉人造像。在出土的唐代文物中，还有很多彩俑，这些俑的细节表现超乎今人的想象。

古玩门诊

古玩一

金元时期　油灯

这是一盏油灯。今天即使中国最边远的乡镇，也已经开始使用电灯了。20世纪50年代，北京还有很多人使用煤油灯。这种油灯不是煤油灯，它的体量较小，无法装煤油，且不可调控。

这盏油灯是常规制式的造型，在唐、宋、元都很流行，其年份在金、元时期。这盏小油灯十分简单，供古代普通人家使用。其表面加了两笔装饰，以表达人们对美好生活的追求。

古玩二

清雍正　粉彩花卉纹碗

这是一只粉彩大碗，尺寸很大。碗的表面有菊花状的棱，这种棱是工匠在拉坯后在印模上进行二次加工做出来的，其主要功能是供人们欣赏。

这只粉彩碗的主题图案是花卉，正面画了三朵大花，一朵芙蓉倒垂下来与碗内的画片衔接，红色芙蓉花是暖色调的，右侧画了一朵白芙蓉，左侧画了一朵金菊花。古人在画花卉的时候不太讲究时空搭配，而今天的画家会有所注意，比如菊花在秋天开，荷花在夏天开，这两种花通常不会出现在同一个画面上。这是一个基本常识，但古人并不受它限制。他们的想象力很丰富，即使不是同一时令的花，也会让它们出现在同一个画面上。

碗面上白芙蓉是用白粉画的，这种白粉是雍正时期的典型用料。雍正时期的整体用彩比乾隆时期淡雅，乾隆时期的釉色非常鲜艳。这只碗虽然颜色很淡，但色彩不少，只是色差对比不强烈。碗的内部也画了图案，康雍乾三朝盛世中，尤其雍正、乾隆时期，非常流行画碗心。当时经济水平较高，因此瓷器所有的部分都有装饰。虽然成本会很高，但当时的工匠并不是为了追逐利益，而是追求审美，这也是社会富足的标志。

古玩三

明末清初　叶腊石笔架

这是一个笔架，笔架有三峰的，也有五峰的。这种笔架在古代是临时放笔用的，古人用毛笔写字，写完后会随手把笔放在笔架上，但时间不能太长，否则毛笔头会下垂变形。因此毛笔使用完毕后要洗干净，垂直悬挂在笔架上。

这个笔架是石头的，这是一种类似寿山石的石材，学名叫叶腊石，石质较软，硬度在三四度，用普通刀具就能刻动。这个笔架的图形中，有龙有鱼，代表“鲤鱼跳龙门”，寓意望子成龙。古时，长辈希望孩子从鲤鱼变成一条在天上飞翔的龙，故有“跳龙门”之说。

这种三山式的笔架，在明朝后期到清朝初年最为流行。其整体呈镂空状，属于明末清初，距今有300余年了。

古玩四

明末清初　玉龟

这是一个玉龟，背上有龟板，呈六方形。龟与甲鱼的不同之处，就是龟背有花纹，而甲鱼没有。甲鱼俗称“王八”，也叫“团鱼”“鼋鱼”“脚鱼”，类似的名称有20多个。龟甲是坚硬的，没有裙边，与甲鱼不同。

这个玉龟扭着头，力度很大。龟甲两边的磨损并不规则，一边的磨损较重。这个龟的玉料是一块玉皮子，原本可能是制作其他玉器的边角料，工匠随形做了一只玉龟。龟之所以扭着头，是因为玉料尺寸不够，无法做成伸展状态。

这个玉龟的年份，大约是明末清初，距今有三四百年。这是古代的一个小玉件，俗称“手把件”。它的中间有一个孔，也可以佩戴。玉龟十分圆润，其背部的细节很古朴，龟下的四足蜷缩着，憨态可掬。

宋佛辽塑幻千姿

每一个时代的雕塑都与当时的政治环境有关。安史之乱成为唐朝由盛而衰的转折点；宋辽以后，中国封建社会开始走下坡路，这也反映在当时的雕塑上：隋唐时期的雕塑庄严肃穆、心胸宽大，到了宋代，演变成了小家碧玉型的雕塑。

金代　红绿彩妇人坐像　高 27.5 厘米
观复博物馆藏

这是一尊由陶土塑制的磁州窑红绿彩塑像。塑像的形象是一位妇人，颇具老态。

它是一尊金代造像，与唐代造像不同。唐代造像大多是佛像，属于宗教造像，而这尊造像是按照真人制作的，十分世俗化。在古代，富人会在喜庆的日子定制雕像，有的用于祝寿，有的用于在长辈百年之后陪葬。

这尊老年妇人像塑造得十分个性化，双眼一高一低，身材瘦削，带有一定的情感表达，其中似蕴含着故事。这尊塑像原本是红绿彩的，状态比现在漂亮，现在塑像上的黄色部位原本是绿色的，因年代久远，又加上土沁，绿色逐渐消退，但红色依旧明显。这尊造像反映了1000年前中国普通人的生活状态。

柏木雕辽人头像
观复博物馆藏

这是一尊辽代的柏木人头像。木头是一种天然材料，近年来，人们对名贵木材如紫檀、黄花梨、红酸枝都很感兴趣。这些木材虽然坚硬，但并不耐腐。其实，很多清代的紫檀制品都会腐朽，比较耐腐蚀的木材首推楠木，其次是柏木。古人选择棺木时，通常楠木最佳，其次是柏木。

这尊雕像是用柏木雕的，基座则是楠木的，这两种温润的木材都极有质感。这尊辽代的柏木人物雕像，面容非常清晰光滑，可以看到木材的纹理，经历千年，人物的鼻子略微受损，左脸有一点被腐蚀了。

这个人物的神态非常安详，反映了工匠的内心。俗话说“相由心生”，从面相中可以看出人的内心，因此每个人都应该注重自己的修养。

这尊辽代雕像塑造的究竟是何人，今天已不得而知，但从其髡发的形态可以判断出是辽人。这个辽人的表情十分安详，双目微睁，目光下垂。因为只有头部，所以无法判断此人的身体状态，可能是一尊佛像，也可能是一个普通人的造像，体现了这一时期雕塑艺术品的特征。可以看出，辽宋时期的雕像更趋于写实，侧重反映人物内心的安详。

1. 千手观音从哪个朝代开始盛行？

千手观音是常见的观音造像，也是众多观音造像形象之一。中国残疾人艺术团曾在 2005 年央视春节联欢晚会上表演了舞蹈《千手观音》。2014 年的亚太经合组织（APEC）会议上，《千手观音》作为压轴戏，惊艳了全世界。

千手观音的形象从唐朝开始出现。唐朝的杨惠之始创千手观音，但流传到今天的唐代千手观音形象非常少。千手观音真正盛行是在宋代。

千手观音的全称是“千手千眼观世音菩萨”，也称“千臂千眼”，是密宗六观音之一。“千手”是遍护众生之意，“千眼”是遍观世间之意。在佛教中，人们认为，千手千眼观音高高在上，将世间的善良与丑恶尽收眼底，是解救世人脱离苦难的化身。千手观音通常有 40 个手臂，这是因为佛教中有“二十五有”之说，40×25 正好是 1000，这就是千手千眼观音的来历。

这是北宋时期铜铸的千手千眼观音菩萨立像，目前在河北正定县的隆兴寺，立像通高 21.3 米，铸造于北宋开宝年间，是迄今为止体量最大的铜铸千手千眼观音像。这尊观音像的手臂在漫长的岁月中被毁坏了，因此在乾隆年间用木质材料进行了修复。

北宋　铜铸千手千眼观音菩萨立像
高 21.3 米　河北正定县隆兴寺

北宋太平兴国六年（981）敦煌《千手千眼观音菩萨图》

这是敦煌《千手千眼观音菩萨图》，绘制于太平兴国六年。这是一幅绢画，颜色非常鲜艳，距今虽已有 1000 多年，但如同新画的一般，现存于法国吉美博物馆，是敦煌文书中的一件藏品。

2. “太平兴国”是宋太宗时期的一个年号，总共使用了多少年？

年号是我国历代封建王朝用来纪年的一种名号，先秦至汉初无年号，汉武帝继位后，始有年号，始创年号“建元”，此后形成制度。年号通常代表着皇帝的政治主张。

作为独特的文化遗产，年号对于中国历史有着重要意义。历代帝王凡遇到天降祥瑞，或内忧外患，大多要更改年号。而朝鲜、琉球，在历史上作为中国的藩属国之时，也曾使用年号以纪年。中国有些地方也是由年号而得名的，如江西兴国县的“兴国”二字，便来自宋太宗的年号“太平兴国”。

宋太宗像

明清以后，年号非常固定，每个皇帝只有在登基的时候才会更改年号，因此有乾隆皇帝、雍正皇帝、万历皇帝、嘉靖皇帝之说，这些都是帝王的年号。中国历史上，有些皇帝有多个年号，年号最多的是唐高宗李治，在位期间有过 14 个年号。唐代另一个喜欢改年号的皇帝是武则天，她有 13 个年号。年号基本上都是两个字，而武则天时期使用了三个四字年号，这三个年号互相连续，分别是“天册万岁”、“万岁登封”和“万岁通天”。

比较有名的四字年号中，还有一个宋太宗的“太平兴国”，这是他登基初年使用的年号。宋太宗登基与历史上其他皇帝的登基不同，并非子承父业的世袭制，而是兄终弟及。宋太祖赵匡胤去世以后，赵光义继承了帝位，因此使用了一个与众不同的年号“太平兴国”，类似改革开放、与时俱进之意，这也是赵光义的政治主张。

年号是中国历史上非常重要的文化，通过年号，后人能揣摩当时统治者的心态。赵光义登基后，使用了 8 年“太平兴国”的年号。这一年号非常特殊，在连年征战之后，它饱含着希望天下太平的意味。

宋代有一部著名的图书——《太平御览》，书名就蕴含着盛世太平之意。书中有一句名言，“离乱人，不及太平犬”。这说明在社会动荡时期，人还不如太平时期的狗幸福，可见社会的安定、太平对于百姓的重要性。宋代犬的形象大多为卧犬，有玉质的，有瓷质的，都是比较安逸的状态，呈现出一种太平景象。

宋代　黄玉卧犬　长 8 厘米

3. 这是五尊辽代等身的三彩罗汉像，请问这批罗汉像现存多少尊？

这些辽代的罗汉坐像个个栩栩如生，今天被收藏在世界各地。这批罗汉像的数量没有定论，一说有 16 尊，一说有 18 尊，目前有 10 尊。

辽代　三彩罗汉坐像
美国大都会博物馆和美国堪萨斯城纳尔逊阿特金斯艺术博物馆

这些收藏在各国博物馆中的辽代三彩罗汉坐像，无论是面部表情，还是衣着姿态，都与真人十分相似，他们或是在思考人生，或是在诵读经卷，各具风采。它们被收藏于大都会博物馆、大英博物馆、法国吉美博物馆、美国克利夫兰博物馆、纳尔逊博物馆、宾夕法尼亚大学博物馆、费城博物馆、安大略博物馆、英国皇家博物馆等。

这批流散海外的雕像，都出自河北易县八佛洼睒子洞。当地有一座寺院，民国初年，寺院中的罗汉像被贩卖到国外。在运输的过程中，很多罗汉像都损坏了。

这些罗汉像塑造人物的水平极高，这是西方人无法企及的。中国与西方的塑造理念不同，这些罗汉像是典型的“塑”，而不是“雕”，它们都是用纯手工塑造的。

“以神传形”是中国与西方在古代造型艺术上的重要差别，然而这批辽代三彩罗汉像却因为高度写实与宗教审美的结合而震惊海外。它们如真人般大小，平静的面容，结禅定印的双手，让人感受到罗汉内心的祥和与禅意。它们身上的袈裟纹理自然飘逸，一切都得到了近乎完美的表达，是堪称典范的宗教美术巅峰作品，令后人无法企及。

梁思成在《中国雕塑史》一书中，对这些罗汉像的评价非常高："其貌皆似真容，其衣褶亦甚写实，……或容态雍容 ，……或蹙眉作恳切状，要之皆各有个性，不徒为空泛虚渺之神像。其妙肖可与罗马造像比。"他认为，这一组塑像可与古罗马时期的西方雕像媲美。

人们通常认为西方雕塑的水平普遍高于中国，不仅源远流长，而且成就极高。但在《中国雕塑史》中，梁思成对这组罗汉像的评价极高，他认可了中国 1000 余年前宋辽时期工匠的造像能力。目前，这些罗汉像都在海外，也反映了中国百年的屈辱史。清末民初，中国国力衰微，致使很多有价值的历史文物流失海外。

古玩门诊

古玩一

天珠

“天珠”这个词在1992年才出现，距今不到30年。古人并不说“天珠”，“天珠”只是西藏各类珠宝中的一种。最好的天珠是玛瑙质地的，十分精美。

这两个天珠都是人工的，它们的图案是规则的，具有规律性，有9个眼。天珠的纹饰都是由不规则向规则发展的，由天然纹饰向人工纹饰发展，这是一种规律。这两个天珠比较完备，其两端分别有两道线，叫“双杠”。有的天珠是单杠的，即边缘只有一条线。

这两个天珠尺寸较大，普通天珠的直径通常有三四厘米，而这两枚天珠的直径都有6厘米。它们是由玻璃制作的，表面布满气泡，年份大约在清代末期，距今100多年了。

这种玻璃天珠并不坚硬，长期佩戴会留下磨损的痕迹。清代末期，人们模仿玛瑙天珠制作了这两个天珠。当时，人们很喜欢玻璃，物以稀为贵，人们认为玻璃的价值高于玛瑙。这两个玻璃天珠的花纹是人工制作的，纹饰也是人工做出来的，非常漂亮。玛瑙通常采用蚀花工艺，即原本没有纹饰，通过腐蚀技术做出纹饰。

古玩二

明天启　青花山水人物莲子罐

这是一个莲子罐，画片中有山水人物，人物画得较为写意。它器型圆润，是标准的莲子罐造型。罐子的盖子上没有纽，俗称“馒头盖”。这种莲子罐十有八九没有盖子，因为盖子无纽，很容易失手打碎。

明代崇祯时期有很多莲子罐，清初顺治时期的莲子罐与它略有不同，其肩部比较明显，器身形成了清晰的口、腹、足三节。崇祯到顺治时期，莲子罐的变化不明显。从造型上看，它与崇祯时期的莲子罐略有区别。从画片上看，它比崇祯时期的画工略显粗糙。

这个莲子罐的画片上有一个标志物——一座高塔。这座高塔代表了一个历史时期，便是明朝倒数第二个年号“天启”。“天启”的年号只存在了7年，在“万历”和“崇祯”中间。

这个莲子罐正是天启时期的，其画片与造型都与崇祯时期的莲子罐有差异，存在一种微妙的变化。天启时期的瓷器画片中，最流行亭子与塔。这是一个鲜明的时代标志，其圈足的处理也是天启时期的典型风格。

这种莲子罐在历史上通常是家中的实用物，摆放在厨房或客厅，装入一些食品。因为经常使用，它的盖子十有八九无法存留，经常会被打碎。

古玩三

清顺治　青花瑞兽纹花觚

这是一个尺寸较大的花觚，画片略有晕散，效果很好。这种晕散正是它的时代特征。它是清初顺治时期的，画片中的麒麟呈回头坐姿，这是顺治时期的典型画法。画片中巨大的凤凰布满天空。凤凰是一种瑞禽，麒麟是一种瑞兽，这个画片寓意“天降祥瑞”。

明末清初，经过多年战争，百姓多灾多难，人们祈求生活安定下来，因此流行有瑞禽、瑞兽的画片。

这个花觚的器型略微变形，这也是当时的特征，器型并不规矩，做工略显急躁。制作瓷器的过程中，拉完坯后要进行阴干，趁着略湿的状态要进行修胎。在搬运过程中，稍有疏忽就可能使瓷胎变形，烧制时也会释放应力。在顺治时期，瓷器变形十分正常。

古玩四

虬角扳指

这是一个虬角扳指，并不常见，是一件古物。象牙较为珍贵，所以历史上人们经常用骨头来冒充象牙，其中驼骨和牛骨居多，因为煮过后，它们的质地较白。

这个扳指的材质是虬角，有人认为虬角就是海象牙，通常都被染成绿色。

金狮元马驭中原

金和元都是少数民族政权，金的统治者是女真人，元的统治者是蒙古人。元代的雕塑成就主要体现在宗教雕塑上。宗教雕塑在中国雕塑史上占据重要地位，这些雕塑作品流传到今天，受到了广泛的关注与重视。

青玉雕雷公坐像　高 7.6 厘米
观复博物馆藏

这是一个元代雷公雕塑，雷公便是雷神。《山海经》中有关于雷公的描述，雷公长着龙头，后来演化成人脸，身上有漂亮的鳞片。

古人的科学知识有限，不知道雷从哪儿来，便对雷产生了崇拜，称其为“雷神”，民间俗称“雷公”。

雷公手执大锤，可以敲击出震天的响声。古人还发现了另一种自然现象——闪电。古人相信这些自然现象都是天意，在发誓时会将“五雷轰顶”作为诅咒。

1542 年　雷公（绢本设色）
纽约大都会博物馆藏

这是一个青玉雷公雕塑，并不常见。其雕工十分细致，将雷公拟人化。这个雷公的形象颇有憨厚感，传达的信息十分淳朴。雷公是农耕民族的一种崇拜，干旱之时，人们希望听到雷声，因为这意味着降雨。

金代　磁州窑白釉褐彩文官坐像

这是一尊金代人物造像，原本釉面有红绿彩。从其残存的颜色看，残留的黄色原本是红色。其绿彩已经模糊了，这与前文的金代妇人像十分相似。在宋金时期的北方磁州窑地区，塑像的变化不大，因此宋金的器物不易区分年份。

这是一个老年文官像，从其面相中可以看出，他的一生过得很幸福。他的双手呈垂拱状，表明了其文官身份。

宋、辽、金、元是中国历史上的特殊时期，作为农耕民族的汉族与游牧民族进行拉锯战。北宋与辽，南宋与金，以及后期的元朝，出现了强烈的文化碰撞。在碰撞中，汉民族敞开胸襟，从游牧民族身上吸取了许多文化。中国的历史不仅是农耕民族的历史，也是农耕民族与游牧民族相互学习的历史，从而形成了今天丰富多彩的生活。

1. 金代建立的卢沟桥现存多少个石狮子？

卢沟桥非常著名，“七七事变”在这里爆发。卢沟桥建于金大定二十八年（1189），距今830年了，是中国最大、最长的一座涵洞桥。

卢沟桥上有很多石狮子，金代遗留下来的较少，大部分是后期修复的。保存下来的石狮子，经过北京市文物研究所逐一勘定，共501个。

卢沟桥

卢沟桥是中国四大古桥之一。早在13世纪，卢沟桥就因意大利商人马可·波罗的游记而享誉世界。在游记中，马可·波罗讲述了卢沟桥惊人的桥跨长度，以及桥上姿态万千的石狮，并称卢沟桥为“世上独一无二的石桥”。

清乾隆　卢沟晓月碑

卢沟晓月是燕京八景之一，桥上的“卢沟晓月”四个字是乾隆皇帝的御笔，每逢中秋佳节，许多人都会到卢沟桥赏月。

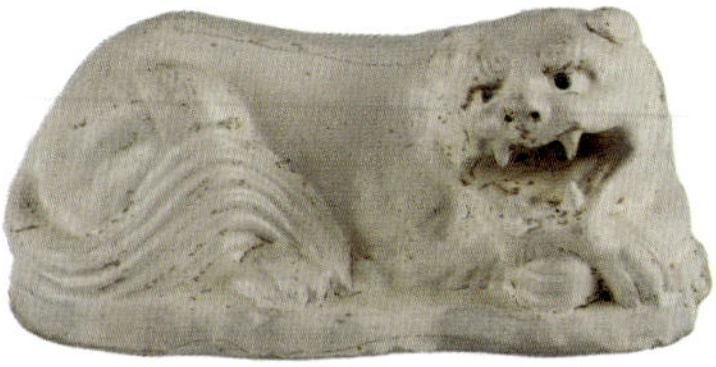

宋代　磁州窑白釉狮形枕
观复博物馆藏

金大定三年（1163）款　北方窑口白釉狮形枕

这是宋代和金代的狮形枕。石狮子是“雕”出来的，而狮形枕是“塑”出来的，两只狮子的总体感觉相似，都是龇牙咧嘴的状态。不过北宋初年的狮子还带有唐代狮子的特征，其眉毛处打卷，眼神凶狠。金代狮子的眼神温和了一些，虽然也龇牙，但并不可怕，趴卧的姿态也较松弛。

2. 元世祖忽必烈活了多少岁？

在古代，人生七十古来稀，能活到 70 岁已经算高寿了。今天，医疗和卫生条件改善了，人们活到 70 岁很正常，只要没患恶性疾病，很多人都能活到 70 岁以上。

中国历史上寿命最长的皇帝是乾隆，活到 89 岁。第二位皇帝寿星是南朝梁武帝萧衍，他笃信佛教，修身养性，活到 85 岁。第三位是武则天，活到 82 岁。南宋第一个皇帝赵构活到 81 岁。忽必烈排第五，活到 80 岁，十分难得。他一生中最伟大的功绩是定都北京。

乾隆

梁武帝

武则天

赵构

元世祖像　台北故宫博物院藏

忽必烈的传奇一生可谓功绩无数。定都北京后，为便于南北水利运输，他下令翻修举世瞩目的京杭大运河。在隋代的基础上开凿三段河道，裁弯取直，将元大都与杭州之间的各路水道与天然湖泊连接在一起。北京到杭州不必再绕道洛阳，水路路程缩短了 900 多公里。翻修京杭大运河耗时 10 年。

忽必烈的长寿与其平常骑马打猎有一定关系，同时他也很注重保养。人长寿的首要因素是基因，其次是后天养成的生活习惯和心态，心胸豁达，人就能长寿。

元代　景德镇青白釉水月观音菩萨像

上页下图元代的著名雕塑——景德镇青白釉水月观音菩萨像，今存首都博物馆。这尊菩萨的面容与常人不同，面庞比较宽阔，眼似垂帘，普度众生。其手部极富表现力，足部也做得十分细致。

3. 尼泊尔工匠阿尼哥在中国待了多少年？

北京白塔寺是元朝时尼泊尔人阿尼哥主持修建的。阿尼哥生于 1244 年，1306 年去世，活了 62 岁。他幼年时开始学习梵文和技术，17 岁来到中国，在中国待了 45 年。到中国后，阿尼哥负责修建西藏萨迦寺的黄金塔。塔建成后，他便落发为僧。

妙应寺白塔是北京市著名景点，位于西城区，是我国现存最大的一座藏式佛塔。塔下有两个石狮子，它们与唐代及其他朝代的石狮子明显不同，其身躯扭曲，脊柱呈弯曲状态。它们是白塔寺出土的元代石狮，弧形的脊柱使它们的姿态十分生动。

妙应寺白塔

今天，白塔寺内立有阿尼哥的雕像，供后人瞻仰。这个尼泊尔工匠从 17 岁开始，用其一生的时间，为中国修筑佛塔，值得称道。

古玩门诊

古玩一

清代　琥珀鼻烟壶

这是一个清代鼻烟壶，分量较轻，是用琥珀做的。琥珀是一种天然材料，也是一种矿藏。琥珀通常是半透明状的，完全透明的是金珀，完全不透明的是蜜蜡，琥珀介于金珀与蜜蜡之间。这个鼻烟壶的材料在琥珀中更接近蜜蜡，大部分不透明。

琥珀的熔点极低，可以熔化。在200℃时，琥珀就会变软熔化。西方人利用琥珀的这一特性，将琥珀熔化后，去除其中的杂质，重新成型，这就是琥珀的“优化”。优化后的琥珀杂质变少，韧性更好，而天然琥珀极容易碎裂。

这件鼻烟壶使用的材料是经过优化的蜜蜡，也可以说是不太透明的琥珀，局部透光。在中国的传统观念中，凡是经过人为加工的都算造假，但西方人却认为，琥珀经过优化后，物理性质未变，并不影响其价值。

古玩二

这是一个青釉鸡首壶。汉代以前的壶是瓶形的，水的进出口是同一个地方。南北朝时期，壶发生了变化，“大进小出”。这是早期壶的特征。鸡首壶的壶嘴有通的，也有不通的（水还会从进口出去）。

西晋晚期　青釉鸡首壶

鸡首壶的趋势是由扁向高发展，这件鸡首壶不高不矮，属于中等。从西晋到东晋，壶逐渐高起来，于是就有了壶柄，而早期人们都是握住壶颈处倒水。鸡首壶的壶嘴也从不通水发展到通水。早期，鸡首壶的鸡头紧贴在壶体上，只是一个装饰，并不通水，后来慢慢出现了可以通水的壶嘴。

这件鸡首壶的釉面非常光亮，叫“玻璃釉”。釉面的积釉处，也就是转角处的釉比较厚，颜色很绿，因此属于青瓷。

这件鸡首壶的年份大约是西晋后期到东晋初期，距今1500多年了。当时除了鸡首壶，还有羊首壶。西汉后期到东汉时期的陶器和瓷器上，动物形象开始增多。魏晋南北朝时期，动物塑像十分流行。

古玩三

这是一个青花罐，底部画着一只兔子。口部原有缺口，修补过。这种青花罐俗称“兔罐”，在明晚期的天启年间最为流行。兔罐上画片的题材是著名的“五子登科”。画片中有五个人，有一人悠闲地坐在室内，有人排队准备进入室内与此人谈论。其中一人在树下，有人服侍着他。这个青花罐是天启年间的典型器物，在当时的兔罐中属于中等。它虽有残损，但已修好。罐子下面的兔子画得十分可爱。

明天启　青花五子登科图罐

朱雕明塑铸辉煌

明清时期，中国雕塑开始变得世俗化，应用更加广泛，普通建筑和生活中的很多器物都与雕塑有了联系。秦汉到唐宋时期的雕塑，大多远离人们的日常生活。明清以后，雕塑与人们的生活越来越近，普通百姓人家也有了雕塑。

明代　铜嵌银丝观音立像　高 47 厘米
观复博物馆藏

这是一尊明代晚期的铜雕观音像，它是实心的，分量很沉。这件铜雕采用了铸造工艺，铸好后再进行修饰，添加了极细的嵌银丝。因为年代久远，嵌入表面的银丝花纹变得较为模糊。

明代的佛造像中有许多铜雕像传世。木雕像不容易保存，所以留传下来的不多。德化瓷雕相对较多。德化瓷雕与铜雕有相似之处，都采用质地坚硬的材料制作器物。德化瓷是一点点塑出来的，可进行修饰，而铜器要先铸造。这件雕塑的柔软之处，主要体现在人物身上的丝绸十分飘逸。

明代的观音雕像有两类，一类注重表现佛像的手，另一类则将手隐入袖中，注重表现衣饰，不用佛像的手吸引人，这体现了佛教的普度众生和慈悲为怀。

左图这尊观音像眼似垂帘，视线向下，十分低调，十分慈悲。

明代　德化窑白釉观音像
高 28 厘米
故宫博物院藏

明代　三彩俑　高 30 厘米
观复博物馆藏

右图是一尊明代雕塑。元代后，世俗造像开始增多，许多墓葬中出土的明清造像都呈现出这种世俗的状态。这尊造像是一个明朝人，肩上扛着马扎，准备出门与他人聊天，这是古人比较流行的休闲方式。

这尊雕塑反映了明朝人的市井生活，今天很少见了，而这与住房模式的改变有关。今天的住房经过改善，高楼林立，邻居之间并不熟悉，楼上楼下的人互不相识。几十年前，居民区中，邻里之间都会进行情感沟通，十分亲切。人们在夏日里经常聚在大院中聊天。小群体之间相互了解，会使民族更加团结。

观复学堂

1. 修建故宫的保和殿时，运石料的十六轮车，被多少头骡子拉拽？

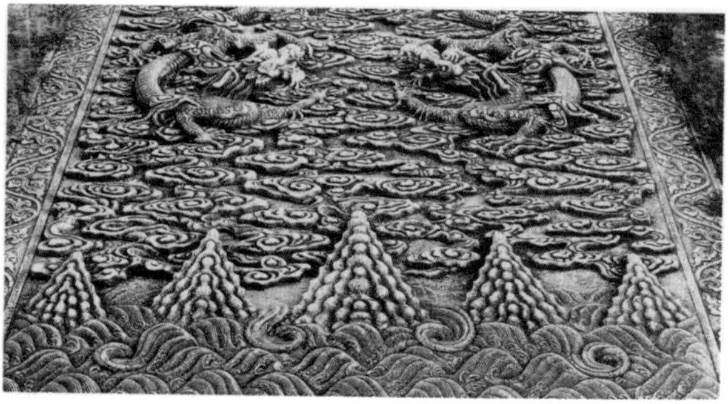

1990年拍摄　保和殿后大石雕

这是故宫保和殿后的石雕。据典籍记载，汉白玉石料都是从北京房山的大石窝运到故宫的，运石料的十六轮车，被1800头骡子拉拽。

明代贺仲轼《冬官纪事》记载："三殿中道阶级大石长三丈、阔一丈、厚五尺。派顺天等八府民夫二万，造旱船拽运，派同知通判、县佐二督率之。每里掘一井，以浇旱船，资渴饮。计二十八日到京。官民之费，总计银十一万两有奇。鼎建两宫大石（指乾清、坤宁二宫），御史刘景晨亦有佥用五城人夫之议。工部主事郭知易议：造十六轮大车，用骡一千八百头拽运，计二十二日到京，计费银七千两而缩。"

这段记载的可信性较强，十分详细。当时运石料使用的是旱船，旱船与水中的船形状不同，是一个大平板，用绳索拖拽载物。旱船在冬天使用，运输途中，每隔 500 米挖一口井，在路面浇水结冰，以减少摩擦，供旱船载石前进。为了运输乾清、坤宁这两座宫殿所用的巨石，造了十六轮大车，用 1800 头骡子拽运，22 天才运达，花费了 7000 两白银。

明朝政府在肇建紫禁城时，使用了大量汉白玉巨石，这些重达 200 多吨的石料，一般在滴水成冰的寒冬里运输，利用冰面减少摩擦，每日仅能移动 6 里。最大的一块被安放在保和殿后，作为御道的起点，称作“云龙阶石”。石雕上流动的浮云与翻滚其间的九条蟠龙，寓意皇帝生活在天宫之中。其他巨石大部分安放在紫禁城的中轴线上，铺成了那条只有一人可走、象征天赋皇权的“御道”。

故宫保和殿后丹陛石

故宫运石料的画面非常壮观。故宫保和殿后，有一块巨大的石雕，石雕上“九龙腾云”的图案雕刻于清朝乾隆年间，明代的原始图案已经被磨掉了。这块石雕重约 200 吨，长 16.57 米，宽 3 米，厚 1 米，是故宫中最大的石雕，被称为丹陛石。

2. 哪位菩萨骑狮？哪位菩萨骑象？

明代　黄铜骑象普贤菩萨（正面）
高 38 厘米　故宫博物院藏

明代　铜文殊菩萨坐像
高 35 厘米　嘉德四季（2014 年 6 月 21 日至 22 日）

唐代　四观音文殊普贤图　局部
敦煌

西夏　普贤变
敦煌

西夏　文殊变
敦煌

清乾隆　粉彩普贤菩萨

清乾隆　粉彩文殊菩萨

立体雕塑大都与宗教有关，通常是佛教造像。佛教造像中，文殊菩萨骑狮，普贤菩萨骑象，“青狮白象”即指文殊和普贤，这是宗教中的特定称谓。文殊菩萨主管学业，又名“吉祥菩萨”，也称“妙德菩萨”，是众菩萨之首，与普贤菩萨一同作为释迦牟尼的左右协侍（“协”是协理之意，辅助释迦牟尼）。

文殊菩萨的说法道场是五台山，五台山有专门供奉文殊菩萨之处。普贤是普遍贤善之意，普贤菩萨与文殊菩萨经常在一起出现，文殊菩萨象征聪明智慧，普贤菩萨象征真理。普贤菩萨说法的道场是峨眉山。

3. 明代德化白瓷人物像中，最著名的是达摩像，相传达摩面壁了几年？

明代后期，观音和达摩是当时最流行的两种造像，深受百姓喜爱。明代德化白瓷人物像中，最著名的是达摩像，相传达摩面壁了 9 年。《景德传灯录》卷三中记载达摩“九年面壁而坐，终日默然。人莫之测。谓之壁观婆罗门”。

达摩祖师在修炼中不受世俗生活的干扰，排除杂念，进行冥想，这对普通人来说非常困难。经过 9 年的修炼，达摩祖师开悟了。

达摩祖师开创了佛教禅宗，最后将法器全部留给弟子，放下一切，云游四方。

达摩的面相今天已无从考证，但他通过传法获得声誉，使民间产生大量以他为题材的雕塑作品，成为我国古代人物塑像中最常见的题材之一。时隔千年，人们依然能通过古代巧匠良工的雕塑，感受达摩祖师传道解惑时的面庞。

清代　德化窑白釉达摩立像
高 25 厘米　故宫博物院藏

黄杨木雕达摩立像
高 19.8 厘米　故宫博物院藏

清代　黄炳勋款木雕达摩立像
高 21.7 厘米　故宫博物院藏

明代　何朝宗达摩立像
高 42 厘米　故宫博物院藏

故宫博物院收藏的达摩瓷像，与铜雕的达摩像有异曲同工之妙，其丝绸悬垂的感觉，以及揣手而立的姿态，在明代后期非常流行。达摩皱眉冥想，思索着人生和宇宙的真理。

古玩门诊

古玩一

清中晚期　青花人物故事纹盘

这个青花盘的尺寸很大，其画片十分完整，题材是五谷丰登，描述了喜庆的过年场景。盘子表面有“粘沙”现象，行话称“粘沙子”。烧制时，工匠会将盘子放入匣钵中，匣钵的上盖与下部进行摩擦时，会有一些沙子落在盘中，烧制后形成粘沙现象。这是瓷器常见的一种瑕疵。古代瓷器分为一等品、二等品、三等品、等外品，这件瓷器属于三等品，因其正面有瑕疵。

盘子的画片中有8个人——7个孩子和一个老者。孩子们手中有各种物件，有的打伞，有的提灯。孩子们围绕着老者，老者微醉，一副心满意足的姿态。这是过年期间的喜庆场景。

从盘子的画片判断，其年份大约在清代中晚期，即道光到光绪年间，带有道光年间瓷器的许多特征。盘子背面的竹纹，受到了雍正、乾隆时期工艺的影响。

盘子很浅，与人们常见的深盘不同。这种盘子通常用于观赏，又叫

“赏盘”，只能正面观赏。通常这种盘子都会用一个支架支住，便于人们观赏，也会在过节时装盛瓜果待客。

古玩二

清雍正　青花八蛮进宝图碗

这是一只青花碗。碗心画了一条正面龙，龙身略微发福。碗的内侧周边画了一圈金钱纹。

碗上画了“八蛮进宝”的画片，也称“八藩进宝”。古代汉人占据中原地区，将边远地区都称为“蛮”。“蛮”是野蛮之意。“八蛮”泛指边疆各族。“藩”指藩人。清朝很强大，周边很多落后的地区都来进贡，这就是“八蛮进宝”的由来。这些来自边疆的人进献的，都是当地特产中的佳品，最终献给朝廷。

这只青花碗的年份是雍正早期，带有强烈的康熙色彩，尺寸较大。

碗底有席文款儿，或叫“席字款儿”，如同一张席子，这是雍正时期瓷器的典型特征。这个碗从各方面都反映了雍正时期瓷器的特点，距今近300年。

古玩三

唐代　茶臼

这是一个茶臼，捣蒜的臼子叫“蒜臼子”，它是用来碾茶的。其内部有很涩的纹饰，是工匠用锋利的工具故意划刻的。现代喝茶基本都是将茶叶摘下后晾干，炒制后冲泡，红茶和绿茶都可以看到大片的茶叶。但早期的茶是沱茶，首先需要将其碾成粉状。这个茶臼便是碾茶叶的工具。

这个茶臼是唐朝的。茶臼边沿有一道黑釉。茶臼外部通常都是满釉，内部则不施釉，以便碾磨。这个茶臼之所以只施了半釉，是因为当地的烧造工艺落后。隋唐以前的瓷器经常施半釉，唐代中后期才流行烧满釉，因为工艺进步了。

古玩四

这是个提盒，尺寸很小。提盒通常有一尺多宽，还有更大的，比如杠箱。这种提盒在明代非常流行，清初也很流行。这是一种家庭用具。

提盒通常只装一些小点心，拎着四处走动。明代绘画中，郊游途中就有人带着提盒，里面装着食物，它反映了古人的生活追求。

明末清初　黄花梨提盒

这个提盒的主要材质是黄花梨木。它的四面是黄花梨，底部是铁梨木。铁梨木比黄花梨便宜，底部又较隐秘，因此常被拿来做器物的底。这个提盒之所以较小，可能是因为工匠受材料限制，为了不浪费材料，用边角余料制成了这个精致的小盒。

这种提盒的上下两个盒不能互换，因为下方的盒顶带有台子，起到了定位作用，互换后无法固定。

这个提盒保存良好，年份大约是明朝末年到清朝初年。提盒保存得非常完整，内部的衬盘完整，钎子依旧可以锁住提盒。

清印泥塑绘万象

中国早期的雕塑大都是纯艺术性的，尤其在秦、汉、隋、唐时期，雕塑艺术与民间保持了一定距离。清代的雕塑艺术与生活越来越近，比如印章的印纽是普通人可以接触到的。明清以后，雕塑开始世俗化，为人们的生活增添了很多乐趣。

清乾隆　白釉瓷塑金鱼　长 21 厘米
观复博物馆藏

这是中国古人培育的金鱼的形象。中国人培育金鱼有 1000 多年的历史。史籍记载的早期的金鱼是可以变色的。金鱼的“金”指的是金红色的鱼，而非纯红色的鱼。从唐朝到明朝的近 1000 年里，金鱼只在颜色上有所变化。明朝以后，金鱼的鱼尾开始慢慢分叉，变成了三叉尾。人们在俯视金鱼时，鱼尾敞开后非常漂亮。这种金鱼在乾隆时期以后逐渐成形。

这件金鱼雕塑基本反映了乾隆时期的金鱼形象，是金鱼最好的形态。鱼尾极大，略微开叉，如同旗袍。这条金鱼雍容华贵，身体较短，游动起来非常缓慢。当时，最名贵的金鱼都是这种状态的。

日本培育的锦鲤，基本上仍与食用鱼形状相同，只是颜色多样，有红白、黑白、三色、金色等。中国培育的金鱼在形态上有了变化。人工培育的金鱼都是短身材、大尾巴，游动缓慢。在大自然中，这种名贵的金鱼无法生存，很容易被野鱼吃掉，其主要功能是供人观赏。

这两条金鱼的状态，基本反映了乾隆时期金鱼的状态。尽管白釉并非金鱼的本色，但极具塑造力。这种工艺非常精湛，后人难以企及，体现了古代工匠用瓷器表现客观事物的高超技艺。

明万历　五彩鱼藻纹缸
瑞士鲍尔博物馆藏

清康熙　青花釉里红鱼藻纹洗

清代 19 世纪　粉彩矾红金鱼碗
直径 12.3 厘米　大英博物馆藏

民国　釉陶发髻人物头像和光头人物头像
左高 13.8 厘米　右高 12.8 厘米

这两个头像的表情在生活中很常见，俗称大众脸，非常生动。在艺术表达中有两类追求：一类是流俗的，这两个头像就是融入民间的类型，十分写实，很传神，令人们觉得亲切；另一类是高层次的，比如宗教塑像，其神情的表达超越了常人，让人产生距离感，人们才会肃然起敬。

这两件造像是民国初年的一种民间工艺。这种工艺，很难确定制造者的身份。两个造像非常有趣，各配了一个木座，代表身体，注重塑造头部。这两件造像的头部有模线，说明它们是批量生产的，是一种外销品，会卖到海外。很难确定类似的一组塑像有多少个，这些形象是民国时期中国人的基本形象，外国人可以通过它们了解中国人。民国时期，中国人也买了很多外国雕像，作为家中的陈设品。

木座的底部有字——“CHINA”。100 多年前，中国人就将自身形象制成这种雕像艺术品，向西方人进行自我推荐。今天，在欧洲的一些艺术品店或古董店，偶尔还能看到类似的器物。

雕塑的历史反映了中国人的精神和生活追求。古代中国人的精神追求，大都与宗教有关，为了追寻内心的一种安定。古人在生活上的追求往往与乐趣有关，在此基础上会有更高的精神追求。

1. 印石应具备哪些特点？

清代的很多雕塑与百姓追寻的乐趣有关。生活中常见的小型雕塑，除了手串以外，还有一种与文人的关系很近——印章。常见的印章石有寿山石、巴林石、青田石。印章石的材料通常有两个特点：第一受刀，即石料的材质要相对较软，否则难以刻动；第二，石质要细腻，能够体现出篆刻的功力、刀法，这是印章石最基本的特点。

“摩氏硬度”是国际上通行的材料硬度衡量标准，它分为10级，最软的是滑石，只有1°，最硬的是金刚石，达到10°。人们熟知的和田玉、白玉，硬度为6°至6.5°，翡翠为6.5°至7°。印章石的硬度为2°至3°，其石材都受刀。印章石中也有比较硬的，如昌化石和青田石，寿山石和巴林石相对较软。

清代　芙蓉瑞兽纽石章

清代　田黄雕双龙戏珠章料

清光绪　鸡血石光素方形玺（此即是学）

这些是福建著名的寿山石，有白芙蓉的兽纽，有趣灵动。也有田黄，传说田黄是在田地中拾得的，属于寿山石。此外，还有田白。更有青田石中著名的“封门青”，章纽上雕刻着“苍龙教子”，又名“教子升天”。还有昌化鸡血石，鸡血石色泽醇厚，深得人们喜爱。巴林石中也有鸡血石，十分漂亮，却没有昌化鸡血石的厚重感，也较容易褪色。印章纽上雕刻的通常都是日常生活中熟知的事物，比如龟纽（代表长寿），这些雕刻寄托着人们心中的美好愿望。

小小一方印章，囊括了雕刻、书法、绘画艺术之精华，而其中最值得关注的，便是顶端的印纽。许慎在《说文解字》说：“钮（同“纽”），印鼻也。”作为千年石雕、石刻的一个缩影，最初印纽的形式仅为印顶的圆洞，为的是将印章系于腰间，随身携带。之后，开始出现装饰性的雕刻印纽。印纽上不同的兽形也开始用以代表帝王百官，以别尊卑。“纽用螭虎”成为帝王、皇后的专用印纽。直至清末，民间私印开始兴盛，摆脱了官印纽制的束缚，最终“民皆佩绶……各服所好”。

2. 雍和宫内由一整根白檀木雕刻的弥勒佛像高多少米？

雍和宫是北京著名的旅游景点，宫中有一尊巨大的弥勒佛像，由一整根白檀木雕刻而成。这尊弥勒佛像有 26 米高，地下部分有 8 米，地上部分有 18 米，直径 4 米。乾隆十五年（1750），七世达赖喇嘛从尼泊尔购得一根白檀木，历经千辛万苦，走过千山万水，三年后才运到北京。

清乾隆　木雕弥勒佛
雍和宫藏

这根白檀木被进献给乾隆。乾隆下令用白檀木在雍和宫雕刻弥勒佛像。佛像雕好后，才在外面建起佛殿。这一切经过了工匠周密的思考，为后人留下了宝贵的文化遗产。

雍和宫是全国规格最高的一座佛教寺院，吸引无数信众前往祈福敬香，它始建于康熙三十三年（1694），最初为雍亲王府。雍正继位后，将其中的一半改为黄教上院，另一半作为行宫。后行宫为火所焚，遂于雍正三年（1725）将上院改为行宫，称“雍和宫”。由于雍正皇帝曾停灵于此，宫中主要殿堂的绿琉璃瓦均换为黄琉璃瓦。乾隆皇帝也诞生于此。雍和宫出了两位帝王，而后便成了龙潜福地。

著名的四川乐山大佛是唐代开凿的，高 71 米，大约相当于现今 25 层楼的高度。乐山大佛依山而建，采取坐姿，修建了 90 年才基本完工。整座乐山大佛嵌于山中，是将一座完整的山雕成了大佛，体现了古代工匠的信仰与力量。

3. 惠山泥人塑好之后烧不烧？

全国各地都有一些民间艺术品，惠山泥人便是其中一种。这是清中叶早期的惠山泥人小板戏，与样板戏很相似。

清代　惠山泥人（阿福）
高 24 厘米　无锡市泥人研究所藏

它是人们最熟悉的惠山泥人——阿福，面部很圆润。

江苏无锡的惠山泥人的起源不详，距今大约400年，早期流行的都是小儿玩具。惠山泥人塑好后，要在表面画彩。清代以后，戏剧比较流行，惠山泥人也随之风行，题材变得更加广泛。惠山泥人是不用烧的，画好后直接阴干。所有泥塑的器物都怕日晒，因为晒后会开裂。景德镇烧制的瓷碗，拉成坯后一定要阴干再修胎，绝不能日晒，否则也会开裂。

清光绪　苏州娘姨

这是惠山泥人中的苏州娘姨，制作于光绪时期，是早期的惠山泥人，反映了古时百姓的生活乐趣。古人的快乐十分简单，用泥巴捏一个人都觉得有趣。这位苏州娘姨抱着孩子，出门去串亲戚或赶集，表现了当时人们的生活状态。

古代地域间的艺术品流通十分不便，因此每个地区的艺术品都有强烈的本土色彩。这是泥塑的渔樵问答。在中国古代，渔樵问答是一个很有哲学意味的问答，在问答中探讨生活的苦与乐。即使贫穷，人们也在一条鱼和一捆柴中，体味每天的乐趣，体会生活中的苦与乐。

清代　渔樵问答

葡萄常料器葡萄

这是北京的葡萄常，用玻璃吹出十分逼真的葡萄。葡萄常在清代晚期和民国年间非常流行，通常作为礼物送人。其中最突出的绝技是葡萄上的一层霜，它使葡萄显得极其真实。中国古人生活中的很多乐趣并不是来自官方，而是来自民间艺人的创造。民间的工匠能把生活中简单的事物做得乐趣无穷，这体现了中国人的创造力。

古玩门诊

古玩一

清雍正　青花山水人物纹碗

这是一只内花卉、外山水的碗，它与前文的龙纹碗十分相似，形制略小，画片内容不同，但底部带有席纹款（这是一种标志性的款识）。碗的中心画着折枝花卉，这是雍正时期比较流行的画法。康熙时期的折枝花卉没有雍正时期的多。碗中有三果——石榴、荔枝和桂圆。碗外侧画着山水，山水的画工很细致美观，有小桥流水、亭台小船，还有风雨桥，其山石呈现出棱角分明的动态，这是典型的雍正时期的山水画风。

碗底是席纹款，说明这是雍正时期的典型器物。碗上还画了两行大雁。这只山水碗与前文的龙纹碗相映成趣，一文一武。龙纹碗是“武”，碗中间画一条大龙，周边画着“八蛮进宝”，很有八面威风之感。这只山水碗是“文”，碗中间画着折枝花卉，周边画着山水。这两只碗体现了文化的差异。它虽然是民窑碗，但画风精致，质量很好，甚至不逊于某些官窑制品。

古玩二

这是一个小水晶杯，形制略小，有很多绺裂。这种茶色的水晶，一般称为“茶晶”。如果内部有鬃毛似的物质，则为“鬃晶”。如果是紫色的，则为“紫水晶”或“紫晶”。这个小杯有一点浅茶色，便是茶晶。

清乾隆　瑞兽水晶杯

这个小水晶杯上雕刻了一只瑞兽，身形如豹，尾部分叉，趴伏在一侧，它是人们想象的一种动物。它的器型与一种名为“觥”的青铜酒器近似，“觥筹交错”中的“觥”便是这种造型。商周时期的觥主要作为分酒器使用，器型较大，并非饮酒器。当时，饮酒器通常是爵杯或觚。它的器型太小，只是文人的一种寄托。杯上的雕塑是清代的风格。乾隆时期，雕塑已经在民间普及，为生活中添增了很多乐趣，这便是乐趣之一。

这个小水晶杯通常是文房用品，作为添水的器皿，辅助研磨，基本上属于水盂类。它的做工精巧，从工艺和材质上看，是乾隆时期的典型器物。

古玩三

这是一只金代的红绿彩碗，内部花纹很漂亮，距今800多年。红绿彩曾是老百姓最喜爱的颜色，时至今日，中国人依然对红绿彩感兴趣，俗语有“红花绿叶”“大红大绿”。红与绿这两种颜色，一个冷到极点，一个热到极点，搭配在一起十分醒目。

金代　花果纹红绿彩碗

宋代开始出现这种颜色搭配，到金代则变得非常流行。这只小碗上的红绿彩，经过漫长的岁月，褪色很严重，隐约能看到红色与绿色。这种小碗在当时并不是茶具，因为宋代饮茶采用煮茶的方式，无法看到碗的内部，所以通常不需要绘画。它也不是用来饮酒或盛饭的，可能只是用来装盛一些佐料。

万里东行醉文明

宋明时期，中国古代文化达到巅峰。元代，蒙古族引入了很多新的文化元素，比如制瓷中的青花和景泰蓝技术。中华民族兼并包容，将这些文化融入主流，发扬光大，最终使全世界认可了青花和景泰蓝。

今天，中国人要以开阔的眼界和宽容的态度，了解古时外国人对传播中华文化所做的贡献。中国广袤的土地和特有的文化，一直吸引着外国友人来中国进行交流。这段交流史，也与中国历史息息相关。很多外国人在中外交流史上名垂千古。

从本篇开始，将讲述五位来到中国的外国名人。第一位便是元代时来到中国的马可·波罗。这位意大利旅行家，跋涉了千山万水来到北京。《马可·波罗游记》第一次以文字形式将中国介绍给了西方，具有划时代的意义。

马可·波罗像

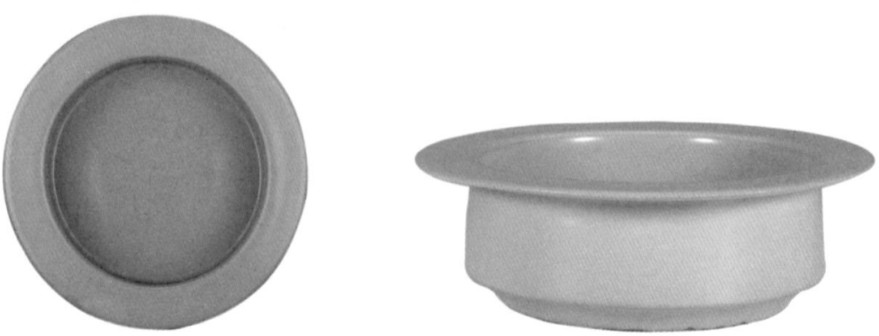

南宋　龙泉窑粉青釉折沿洗　口径 21.5 厘米
观复博物馆藏

这是一个南宋末年的洗子，它是龙泉窑的梅子青，釉色温润。洗子的内部在口部略向内收缩，是为了防止涮笔时，水花飞溅出去。这种微妙的工艺显示了当时工匠的智慧。

洗子分为两类：一类是文房的笔洗，用于涮笔；另一类是洗脸、洗手的洗子，形制较大，后来俗称盆。之所以要用笔洗涮笔，是因为毛笔上的墨汁如不及时洗净，就会损坏笔头，而洗净晾干后能够延长毛笔的使用寿命。

宋代的龙泉窑非常有名，是南方青瓷的代表。在古代，青瓷分为两类：一类是越窑，一类是龙泉窑。宋代以前，越窑作为青瓷的代表非常有名。宋代以后，龙泉窑开始出名。

龙泉窑创烧于北宋早期，南宋晚期达到鼎盛。龙泉青瓷是青瓷工艺史上的高峰，其中有一类瓷釉的釉色可与翡翠媲美，又恰似青梅色，故名“梅子青”。“梅子青”为南宋龙泉窑最为经典稀有的釉质，深得帝王贵族的喜爱。这件洗子便是南宋末年的。到元代，龙泉窑的颜色变得非常青翠，保留了宋代梅子青的特征。

这件青瓷笔洗表面的开片是瓷器自带的。在烧制时，由于釉面与瓷胎膨胀系数不同，釉面收缩时会留下浅浅的开片。有些龙泉窑青瓷上有开片，有些没有。从理论上看，开片是瓷器的一种缺陷，但经过文人的美化，反而成为一种别致的美。

这些青瓷是从明代开始传播到海外的。元代时，马可·波罗回到欧洲后，向人们描述了这种青瓷，于是在青瓷发明并被中国人使用了几百年后，欧洲人才第一次听说它。

这件瓷器的颜色非常漂亮，这是一种别具美感的颜色。今天的色彩种类极其丰富，化学工业使世界变得五彩缤纷。其实，在科技落后的古代，一切非自然的颜色都需要人为创造。1000 多年前，中国人对这种青色的追求达到登峰造极的地步，但欧洲人尚未知晓这种青色。中外交流使这种青色传播到世界各地，这要归功于马可·波罗。

南宋　龙泉窑青釉六瓣花形洗
口径 13 厘米
观复博物馆藏

清康熙　天蓝釉洗
高 3.9 厘米　直径 8.4 厘米　故宫博物院藏

清康熙　青花月宫人物纹折沿洗
口径 39.5 厘米
观复博物馆藏

清雍正　青花仿波斯造型盆
底径 34 厘米　天民楼藏瓷

元代　银锤錾莲花纹高足杯（一对）
观复博物馆藏

这是一件元代银器，由于年代久远，表面已出现了氧化层，而且已略微变形。这种杯俗称“把杯”，也叫“高足杯”，是从游牧民族传入的。元代非常流行“把杯”，因为它便于手握，便于使用者骑在马上饮酒。

宋代的很多人非常奢侈，开始使用银杯。到元代，贵族们也纷纷效仿，喜欢金器和银器。对于游牧民族来说，金银器皿的优点在于耐碰撞，一旦摔到地上变形了，还可以捏回原状。

辽代　银酒器一组
观复博物馆藏

银錾花凤首壶　口径 21 厘米
观复博物馆藏

辽代　金錾花凤鸟纹瓜棱形执壶　高 10.6 厘米
观复博物馆藏

辽代　金碗、金瓜瓞纽盖罐（一对）
观复博物馆藏

1. 马可·波罗多少岁来的中国？

马可·波罗 17 岁就来到了中国。关于马可·波罗，有两个有趣的数字：其一，他 17 岁来到中国；其二，他在中国待了 17 年。

今天中国境内有很多外国人，中国人已司空见惯，但在元代，很少有外国人能到达中国。马可·波罗的父亲和叔叔都是商人。商人在历史上是推动社会文明前进的动力，为了赢利，他们不辞辛劳四处经商。丝绸之路最主要的目的就是通商。

马可·波罗在前往中国的途中经过了很多国家，从中东地区一直向东寻觅神秘的东方，最后终于抵达了元大都，相传见到了忽必烈。马可·波罗回国后口述了《马可·波罗游记》，也叫《马可·波罗行记》或《东方闻见录》。

欧洲人通过《马可·波罗游记》，第一次真正意义上了解了神秘的东方。中世纪时，欧洲人对东方的概念非常模糊，如同中国人对欧洲的概念一样模糊。当时的欧洲人认为，东方人都是一样的，并不分印度人、中国人、日本人。这如同当时的中国人看外国人，无论是英国人、法国人、德国人，还是意大利人，都一样。

相传马可·波罗见到忽必烈，并与其私交甚好。这一说法出自马可·波罗的自述，是一家之言。在中国的文献中，尚未有关于马可·波罗见过忽必烈，以及“入仕”的记载。他的父亲和叔叔在第一次来中国时见过忽必烈，但马可·波罗是否见过忽必烈，还有待考证。

2.《马可·波罗游记》首次出版是在马可·波罗生前还是身后？

马可·波罗17岁到中国，回去时已经34岁，归途用了4年之久，38岁才回到意大利。回国后，他卷入了一次海战，不幸成为战俘。在阴暗狭小的监狱中，马可·波罗将他在东方多年的见闻说给狱友听。这位狱友恰巧是一位文人，名为鲁斯蒂谦。

这次偶然的邂逅，让马可·波罗的传奇见闻得以留存于纸，最终成书出版。鲜为人知的鲁斯蒂谦虽然没有在历史上留下自己的画像，但是以热情洋溢的文字，将《马可·波罗游记》这一壮美的东方画卷，展现在整个欧洲面前。

在马可·波罗生前，此书有大量手抄本，包括老版的法文本、意大利方言本、威尼斯方言本。古代欧洲的语言十分复杂，这本游记保存到15世纪，有138种版本，保留到今天的都弥足珍贵。《马可·波罗游记》是人类出版史上的一部重要著作。

很多人质疑马可·波罗是否真的来过中国，对此，学术界有两个派别：一个是“挺马派”，认为马可·波罗一定到过中国；一个是“倒马派”，认为马可·波罗没来过中国，他的一切见闻都是道听途说的，因为《马可·波罗游记》中疑点颇多。例如，在《马可·波罗游记》中，中国一些重要的事物都没有出现，如茶叶、缠足、筷子、长城等。这种观点认为，如果马可·波罗到过中国，一定不会忽略这些东西。西方人惯用刀叉，到了中国必须使用筷子，筷子是中国独有的餐具，马可·波罗不可能忽略它。但“挺马派”认为，马可·波罗之所以没写长城，是因为留存到今天的长城，主要都是明代的，而明代之前的长城基本都是土长城，非常低矮，很容易被忽略，筷子也可能被疏漏了。

中国的很多学者比较倾向认为马可·波罗确实来过中国，这是对他的一种敬意。他传播了中国文化，使当时的西方人广泛了解了中国。

在《马可·波罗游记》中，有很多关于中国的准确记载，比如书中描写了卢沟桥，这是无法杜撰的，甚至连桥上的石狮子都写得很生动。卢沟桥在西方的文献史上，被称为“马可·波罗桥”。

公元 1299 年 《马可·波罗游记》抄本 第 123~124 章节
鲁斯蒂谦和马可·波罗
出版地 威尼斯共和国

3. 马可·波罗是从陆路还是从水路进入中国的？

马可·波罗是从陆路进入中国的。当时的航海水平相对较低，因此航海通常都是沿海岸线航行，一旦有意外就可以及时靠岸，穿越大洋对探险者来说非常危险。当时，马可·波罗通过陆路向东方行进，战事频繁，途中强盗横行，同样非常危险。他走过了很多国家。这些民族聚居区之间存在文化差异，经常会引发冲突。

今天，人们去国外旅行，会十分尊重别国的风俗。中国人喜欢谈论家长里短，但在欧洲，人们十分尊重对方的隐私，不会随意打听他人的家事。马可·波罗在中国的17年间，并未娶妻生子。后来他的祖国向元朝遣使，希望两国联姻。联姻是国家、地域和民族之间调节关系的一种政治手段，比如汉代的昭君出塞和唐朝的文成公主进藏。

700多年前，《马可·波罗游记》在西方产生了轰动性影响。在500多年前，欧洲还能找到138种版本的《马可·波罗游记》。这本书把东方的基本形态展现在欧洲人面前，让他们对中国产生了美好的向往。

古玩门诊

古玩一

官帽

这是一顶官帽，就是传说中的“顶戴花翎”。古代说“摘去顶戴花翎”，便是将帽子上的羽毛从翎管中拔出，这是罢官之意。这顶官帽的翎管是白玉的。很多翎管流传到今天都被作为饰物佩戴。大部分翎管是玉的，也有翡翠的，还有玛瑙、玻璃和金属的。

这顶官帽的帽子部位是新仿的，但帽顶与翎管部位十分古老。帽顶代表官阶。帽顶上金属部位的雕花是手工制作的，纯铜材质。帽顶的珠子是蓝色的玻璃。在古代，玻璃制品极为少见，因此十分珍贵。这颗珠子晶莹剔透，超越了很多天然宝石。

古玩二

南宋　吉州窑印花盏

这是一个茶盏。顾名思义，“茶盏”是喝茶用的。宋代饮茶方式与明清完全不同，茶盏的模式也不同。今天喝茶分为两类：一类是工夫茶，另一类是比较常见的泡茶。这种茶盏不适合泡茶，体量较小，泡茶量少。

吉州窑是江西著名的窑口，吉州即江西吉安，在宋代比较有名。不过在当时，吉州窑的名望低于福建的建窑。建窑中最著名的就是兔毫盏，都是黑盏，颜色深重，因为宋代喝茶时会先打出白沫，与建盏相配黑白分明，十分美观。

建盏在宋代风靡一时，宋代许多文人都赞美过建盏，比如黄庭坚和苏东坡。吉州窑也模仿建窑烧制同样的茶盏，但是吉州窑的胎土不够黑，因此便设法做装饰。吉州窑中最美的装饰方式就是树叶以及剪纸小花。这种小花虽然相对建盏来说较为流俗，但也得到一部分人的喜爱。

这是一个南宋时期的吉州窑茶盏，它的印花花纹没有规则，带有一种随意的美感。

古玩三

清代　白玉羊拐

这是一个清代的白玉羊拐，它的材质是白玉，过去有很多，留存到今天的并不常见。清代人对羊拐有极大的热情，羊拐可以时常在手中把玩，是一种精神寄托。这件白玉羊拐所有面都是凸凹不平的，完全仿生，与真正的羊拐骨非常相似。

古玩四

清康熙　青花西厢记图印泥盒

这是一个青花印泥盒，底款儿是“大明嘉靖年制”，画片是《西厢记》。这个印泥盒十分完好，是当年书画家写字或画画后盖章时用的。虽然它的底款儿是“大明嘉靖年制”，事实上是清代康熙年间的。它体现了当时人的生活追求。

它的盖子非常平滑，十分干净。更为难得的是，它历经300多年，没有一点磕碰的痕迹。

它是从欧洲回流的。早期中国的文物大量外流，现在国家经济条件转好，很多文物开始回流。在国外购买古玩需要万分谨慎，一不小心就容易遇到赝品。

清朝，满族人入主中原，遇到了中原文化的抵制，这种器物便是满人向中原文化妥协的结果，是他们主动接近汉文化的一种历史印记。

古玩五

明晚期　桃形玉杯

这是一个桃形杯，距今有400多年。明末，桃形杯非常流行镂空的做法，到清代便不再流行。清代打通了通往西部的“玉路”，玉料质量极佳，本着良玉不雕的原则，通常都是在整块玉料的表面进行雕饰。

在古代，这种桃形杯是文人雅士啜饮时使用的。今天，人们已不再使用这种小玉杯喝酒了。古代的酒都是酿造酒，并非蒸馏酒，所以李白与武松所饮的酒，都是粮食酿造的米酒，能够大口喝。今天的白酒纯度极高，即使米酒，也有酒精。因此，它并非用来喝白酒的酒杯。

西学东渐传教音

利玛窦与马可·波罗同是意大利人，马可·波罗将中国文化传播到西方，利玛窦将西方文化与科技带给中国，这是一种双向文化传播。

1000多年前，由于交通不便，东西方之间的交流相对较少。元朝后，很多外国人来到中国，将中国文化传播到欧洲。文艺复兴后，欧洲进行了诸多社会改革，不断出现新的科技成果，慢慢发展起来，中国却开始闭关锁国。西方文化与科技进入中国，第一个做出巨大贡献的人便是利玛窦。

利玛窦像

明万历　银刻铭文带盖葫芦瓶（一对）　高 21.5 厘米
观复博物馆藏

这是一对银葫芦，上有铭文“大明万历辛丑年银作局造足银”。

在中华文化中，宝葫芦代表“禄”，即做官之意。中国古人的普遍追求是“福禄寿”，“福”是福气，“禄”是做官，“寿”是长寿。古人认为做官是好事，现在却未必。万历辛丑年（1601）的中国还沉浸于“福禄寿”的文化追求中，利玛窦已经带着西方文化进入中国，传播先进的文化和科技。

利玛窦翻译了很多书，包括中国的《四书》，这是西方人第一次翻译中国古典文学著作。他也带来了新的科技思想，比如几何原理，教会中国人许多现代科学知识。在现代科学史上，西方领先于中国，利玛窦将领先的科技输入中国。

当时的中国一直沉浸于封闭的文化状态。明朝灭亡后，清朝短暂的繁荣假象蒙蔽了中国人，继续闭关锁国，没有跟上时代步伐，以致后期积贫积弱，不断衰落，挨打受穷。今天中国再次崛起。反省过去的历史，我们曾有很多机会可以屹立于世界民族之林，但未能抓住机遇。

清中期 匏制瓜棱葫芦形鼻烟壶
高 6.7 厘米 故宫博物院藏

18 世纪 红木鎏金嵌黄铜二问报时座钟
观复博物馆藏

右图是一个自鸣钟，距今有 200 多年了，与利玛窦带来的自鸣钟相似。过去很多人家都有钟，它们都是中国自己造的。18 世纪，中国的工匠就能够制作钟了。当时有两种钟：一种是广钟，是广东制造的，与这座钟式样接近；一种是苏钟，是苏州制造的。

这个自鸣钟有配套的钥匙，用于打开后门，调整钟摆。钟的正面可以上弦。它的做工十分精细。自鸣钟之所以被称为“钟”，是因为中国古代用钟声来报时，称为“晨钟暮鼓”。古代的皇家寺院、京城的钟鼓楼上都会挂一座钟，清晨敲响数声，报出对应的时间，因此国人便将这种报时的器物称为“钟”。

这个来自外国的自鸣钟有着深远的历史意义。中国曾有过灿烂辉煌的文化，也曾长时间领先于世界，但中国也有过落后却浑然不觉的时候。当万历皇帝看见这种机械钟时，只将它当成一种乐趣，并未反思当时中国落后于西方的原因。这不是因为中国人愚钝，只是当时缺乏远见性的思考，使中国无法进步。

清乾隆　铜镀金转柱太平有象钟
广州
高 85 厘米
故宫博物院藏

清光绪　铜镀金自开门变戏法钟
苏州
高 75 厘米
故宫博物院藏

1. 利玛窦在中国待了多少年?

利玛窦在中国待了28年，他于1582年来到中国，1610年在中国去世，葬于北京。利玛窦将西方文化传入中国，同时又将中国文化传到西方，他是一位值得纪念的国际人士。

利玛窦年幼时在教会学校学习，他的父亲很担心他过度沉溺于宗教，但他最终还是加入了天主教。1582年，利玛窦先抵达澳门，此后又到了广东肇庆。他在肇庆住了很久，于广州开中国天主教之肇始。1598年，利玛窦抵达北京。

利玛窦第一次到北京时，连友人都会避开他，觉得他的传教行为十分危险。因此，利玛窦未能进入宫廷。1601年，利玛窦再次来到北京，万历皇帝听闻其第一次进京未能进入宫廷之事，准许他进宫进献贡品。因此，第二次进入北京时，利玛窦才以使臣身份进入宫廷。

利玛窦背井离乡，不远万里，在异国传教，非常辛苦。他的动力源于信仰。信仰对每个人来说都十分重要，无论这份信仰是宗教理想，还是人生中的其他理想，人们必须有精神追求。这种追求是高不可及的，因此需要虔诚、认真地对待自己的信仰，不能有临时抱佛脚的功利心。

利玛窦像

2. 利玛窦有没有见到万历皇帝？

利玛窦进入中国的主要任务是觐见中国皇帝。他于 1601 年进入宫廷向万历皇帝进献贡品。

“阅览各物后，悉令收存。供天主圣像于御前，置自鸣钟于御几，万国图志珍藏内府。”万历皇帝没有与利玛窦见面，却将所有贡品都进行了妥善严谨的安排。

万历皇帝喜欢自鸣钟，他将两个自鸣钟中的一个留给自己使用，另一个送到太后处，然而并非赠送，只是“借”给太后玩两天，之后又派人将自鸣钟取回。

自鸣钟不仅吸引了万历皇帝，也受到所有中国人的喜爱。此后，中国工匠自行制造自鸣钟，还有广钟、苏钟之分。到清朝时，自鸣钟已经非常普及了。《红楼梦》便有自鸣钟的记载，冯紫英的广西同知带来的四件洋货中就有一架钟表，有三尺多高。在中国古代，自鸣钟之所以受欢迎，不仅仅因为它有趣，更在于它的美观。

下页左图是 18 世纪英国人进贡给清宫的自鸣钟，十分漂亮，现收藏于故宫博物院。

18 世纪　英国　铜镀金转花翻伞钟
故宫博物院藏

18 世纪　英国伦敦
铜镀金印度乐师击乐钟
故宫博物院藏

右图也是清代英国人进贡的钟，钟内有一个铜镀金的印度乐师在击乐。印度乐师用小锤可以敲出好听的音乐，其内部的机械构造是五针四盘。

19 世纪　法国　铜镀金活塞风轮机械模型表
故宫博物院藏

这是法国人的铜镀金活塞风轮机械模型表。英法率先成功地进行了资产阶级革命，两国人对机械类器物很感兴趣。两国输出这些机械制品，是在向中国炫耀。

在中国人的传统观念中，有两种物品不能赠送他人。一种是钟，寓意“送终”。中国民间语言中有很多忌讳，当人临死前，亲属在旁照顾或为死者办理丧事便被讳言为“送终”，“送钟”与“送终”谐音，向别人赠送钟表是不吉利的，因此绝对不能将钟赠予他人。

另一种是拐杖。如果对方身体很好，赠送拐杖带有不祥的意味。万历皇帝却不避忌讳，收下了利玛窦的自鸣钟，足见此物的精美漂亮。

利玛窦不仅为中国带来奇巧的西洋自鸣钟，还带来了世界地图。他在广东肇庆制作了《坤舆万国全图》，这是中国历史上第一张世界地图，先后印刷 12 次，距今 400 多年。

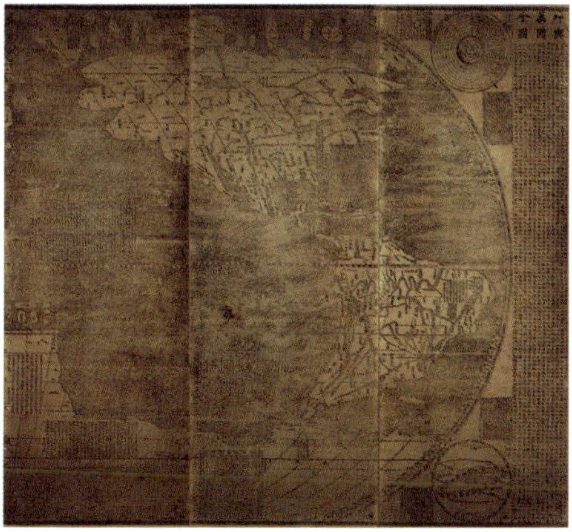

1962 年制于北京的《坤舆万国全图》

《坤舆万国全图》绘制于 400 多年前的明代，却与今天的世界地图如此相像。为了让中国人便于接受，利玛窦特意将中国绘制在了版图的正中央，谓之“中央之国”，并将“亚细亚”“地中海”“大西洋”等地理名词进行了翻译。“地球”这两个字，更是第一次被用来形容世界。尽管对于经历了 15 世纪航海大发现的欧洲人而言，“地圆说”并不难理解，但这张地图还是颠覆了古代中国人“天圆地方”的观念。

400 多年前的明代中国人，忽然发现天下原来是万国林立的，而非中国一国独尊，世界第一次清晰地展现在中国人面前。这张地图给中国人带来了全新的世界观，尽管存在很多误差，但毕竟是中国人第一次看到的全景式的世界地图。

3. 北京共有四座天主教教堂，分别是东堂、西堂、南堂和北堂。哪一座教堂是利玛窦建的？

利玛窦来中国的主要任务是传教。在北京定居后，他开始建教堂。今天北京仍有几座教堂，从方位上看，有东、南、西、北四个方位的四座教堂，其中南堂是利玛窦建的。

南堂位于北京宣武门，是北京最早的教堂，也是利玛窦进入北京后，建的第一座天主教教堂。

下图是 1874 年英国摄影师托马斯拍摄的南堂，十分漂亮。1900 年，南堂被烧毁，此后进行了重建。这座教堂在今天依然被认为是北京重要的天主教遗址，其年份为明代晚期。

1874 年　南堂
英国摄影师托马斯·查尔德拍摄

宣武门天主堂（南堂）

王府井天主堂（东堂）

西什库天主堂（北堂）

天主教北京总教区西直门
圣母圣衣堂（西堂）

之后，北京又建了东堂，坐落于王府井大街。东堂在王府井改造时，于门前建了一个广场，供人们在举办西式婚礼时使用。今天，这里依旧是民间的娱乐场所。

这四座天主教教堂今天都保存下来了。如果没有重建，很多历史遗迹一经损毁便会不复存在。这种文化传播帮助古代中国了解了西方文化，也为很多人提供一种精神支持。

古玩门诊

古玩一

元代　哥釉小水盂

这是一个小水盂，研墨时用于添水。水盂的体量较小，年份较早。其底部有一个字，如同反写的“元”字，字体凸起，意味着这件水盂可能是元朝的，但也可能是“二儿”两个字，写字的意图不明。

这个水盂底部的胎略糠，十分粗糙，如同砂纸，说明其底部可能曾经有过残损。有磨损痕迹，原本应该有一个圈足，但是破损了，故而将其磨掉了。这个小水盂并非圆形，而是棱状，是用模具制成的。

这是一个哥窑的小水盂，较为美观。釉面的哥窑开片更接近于明代早期风格。

古玩二

清乾隆　白玉碗

这只碗原本放在一个盒子里，盒盖上写着“嘉庆官窑五彩福寿碗”，盖了一个印章。

玉碗的造型标准美观，所有曲线都流畅优雅。将一块玉石挖成如此精美的碗实属不易。从造型上判断，它是乾隆时期典型的宫廷器皿。当时有很多宫廷御用器物，青花、五彩、粉彩的碗，都与此碗造型相同。其造型非常标准，在碗的口沿较薄处，手感十分舒适。

这只玉碗是素碗，没有花纹，其圈足的处理方式以及表面的光泽，都证明它是乾隆年间的。乾隆时期宫廷用碗对造型的要求非常严格。今天人们对碗并不重视，不在乎其大小、造型、色泽等，但古代工匠对此十分重视，皇帝也十分重视。

玉碗散发出温润柔和的光泽，说明它所用的玉料玉质上好。古时工匠制作此碗，需要将玉料中心的玉挖出，内部的玉料依旧可以使用，可以做成一套碗。这种玉料是新疆和田玉，虽不是羊脂白玉，但做工精美。此碗距今有200多年。即便碗底没有款识，也是皇亲国戚的使用之物。

古玩三

清乾隆　铜香炉

这是一尊铜香炉。弹一下，其声音清脆悦耳。它的材质是质量极佳的红铜。这件铜香炉做工精致，年份在乾隆年间，也可能在康熙年间。

从各方面判断，它是康熙年间的可能性更大。

香炉的底部有四个字“珍宝永宝”。这是古代的一种吉祥用语，有的香炉底款儿是“子孙保之”。它是三足的，这种三足鼎立的模式十分稳固，因为三点确定一个平面，即使在倾斜的桌面上，也可以保持稳定。

这尊三足香炉做工精致，非常坚固，分量较重。其最优美之处是肩部。其底部圆润，向上迅速收回，形成一个利角，非常漂亮。这种设计方式如同服装中的垫肩。古时仪仗队的礼服之所以精神抖擞，就是因为垫肩高耸。铜炉的耳如同丹凤眼，被称为“凤眼”。

古玩四

清同治　粉彩马上卦候图笔筒

这个笔筒的底款儿是“大清同治年制”，它是大清同治年间的。笔筒上有一首诗和一个画片。画面满布笔筒，内容丰富，图案也较为有趣，一只猴子骑在马背上，寓意“马上封侯”。这通常是送给为官者的礼品，祝愿对方官升一级。猴子右上方还有一方印，寓意“封侯挂印”，挂印也与做官有关。

笔筒上有一首诗，“宿有乔松饮有溪”，意指这匹马在休息时有大松树的荫蔽，口渴了身边有溪水，是一种无忧的安稳状态。“马行绿地踏金泥”是一种吉祥词，睡在松树下，渴了有溪水，行走的道路是绿地，踏着金泥，十分顺心如意。有如此多的妙事，就不需要“夜上啼”了，劝人知足，不要抱怨。

这个笔筒距今120至130年。诗文的落款儿是“张岑仆篆书”，这是赠送者的姓名。清末到民国时，景德镇有很多工匠专门以画定烧瓷器为生。烧制人虽名气不大，但这件“马上封侯”笔筒烧得非常漂亮。

博物洽闻传中华

汤若望是历史上一位著名的传教士。17 世纪，中国正值明末清初，西方各国有很多传教士来中国传教，也将西方的科学技术引入中国。

汤若望像

清顺治　青花麒麟纹筒瓶　高 42.4 厘米
观复博物馆藏

这是一个清初顺治年间的筒瓶。筒瓶通常是束腰的，腰部较细，延展开来两侧较大。这种筒瓶流行于明末清初，在当时很常见。筒瓶上的图案是麒麟，它前腿站立，后腿踞坐，这也是当时的典型画法。

清朝初年人们给筒形的器物赋予了一种政治含义，即“天下一统”。清朝的统治者由关外入主中原，统一中原后，非常重视“天下一统”。

今天也提倡“天下一统”，这就是中国的统一。无论西藏、新疆，还是香港、台湾，都是中国神圣不可侵犯的领土，他人不得质疑甚至觊觎。国家统一，是百姓幸福的基础。这件筒瓶的年份恰值明末清初，体现了当时中国人期待统一的愿望。

商代　妇好觚

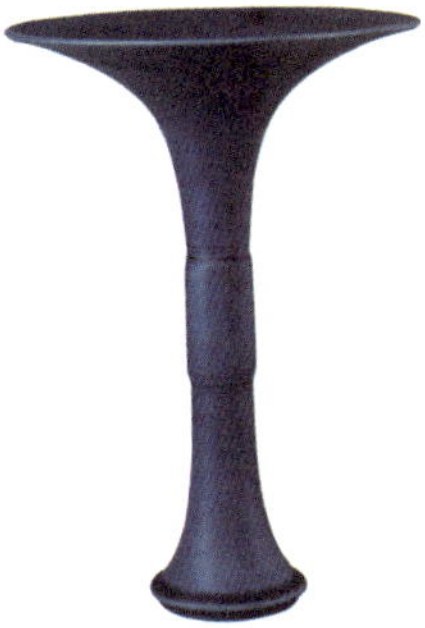

清康熙　孔雀绿釉暗蕉叶纹花觚

清顺治　青花云龙纹花觚
故宫博物院藏

清康熙　青花麒麟飞凤花觚

清康熙　五彩指日高升图盘　口径 20.5 厘米
观复博物馆藏

这是一个康熙五彩盘，盘子尺寸不大，画法非常标准。画片中，天上有一轮太阳。在古代，通过日晷可以判断时间，因此在没有科学的计时工具前，中国人一直依靠阳光来判断大致时间。历法也与太阳有直接关系。

中国人都希望通过学习提高自身的社会地位。这个盘子上的画片便是“指日高升”。图案中，一个人指着太阳，他的意思是，有朝一日我会升上去，提高地位，飞黄腾达。他的身后有一个书童。书童挑着担子，前面是一箱书，后面是一张古琴。

中国人很注重自身的学习与修养，“书”代表学问，“琴”代表修养。今天，人们在学习知识的同时，也强调自身修养。修养除了进行主业的学习外，还要学习课外知识，比如写字、画画、音乐、跳舞等与直接学习无关的知识与技能，相关知识都属于修养的范畴。

一个人最重要的修养是建立思想体系。历史上有很多先哲，如孔子、孟子、庄子、老子、墨子、荀子等，今天出版的图书中的很多思想都无法逾越他们的哲学思想框架。

在近代，中国又从西方引进了很多哲学与科学思想。汤若望等外国人身体力行，不畏艰辛，从遥远的西方来到中国，向中国传播当时西方的知识。可惜当时的中国人没有抓住这一机会，只有康熙皇帝等少数有机会接触西方知识的人，能够学习一部分，但没有普及到民间。这是后来中国积贫积弱的主要原因。

如果在康熙年间，中国人能全面引入西学，并将之普及，那么今天的中国会更为强大。改革开放后，中国人向全世界学习，所以中国日益强大起来，中国人的思想也由此丰满起来。这说明学习对一个人、一个国家、一个民族的重要性。

1. 汤若望是哪国人？

汤若望是德国人。他的名字很中国化，中国的汤姓也是一个重要姓氏。今天对汤若望本名的翻译应该是“亚当·约翰·沙尔”。当时，“亚当”被翻译成“汤”，“约翰”被翻译成“若望”。汤若望来中国的主要任务是传播天主教，但他早年学习了很多科学知识。在中国，他为了贴近中国文化，便为自己起了一个非常中国化的名字。

汤若望年轻时受先驱利玛窦影响，将向中国传播天主教义视为一生的使命。他在传教之余，为中国带来了数学、天文、物理、武器等领域的重要知识。因此，明朝灭亡后，身为前朝大臣的汤若望，依然罕见地在清朝受到了超出前朝的敬重。当汤若望怀着理想从里斯本出海时，或许从未想过，这个中国名字将会替代他的本名，被永远载入史册。

汤若望生于德国科隆，16 岁在罗马学习数学和神学。万历四十八年（1620），他途经澳门开始学习汉语，后从澳门进入中国内地，此后又到达西安进行传教。

明朝末年，汤若望翻译了伽利略的文章，集成《远镜说》。这是一本关于望远镜的图书。他是第一位将西方光学知识介绍给中国的学者。汤若望在 38 岁编撰了一部历法，因为成书于崇祯年间，故名《崇祯历书》。

明代文秉的《烈皇小识》中，曾有关于明代君臣对汤若望的一番讨论："先是召对，德璟奏及之曰：'汤若望有何好处，皇上如此优礼？'上曰：'古帝皇招徕远人，汤若望远夷慕化，朕故优待之有加。'"崇祯认为，汤若望从遥远的海外来到中国，向往中国文化，我们理应厚待于他。此后，在清朝，汤若望依旧受到了清廷的敬重。他传播了西方的天文和地理知识。特别是气象学这种实用科技，中国人受益匪浅。

此外，汤若望在明朝崇祯年间就主持制造"红夷大炮"，也是一个卓越贡献。这种大炮曾将清军打得溃不成军。尽管这种大炮最终未能挽救明朝，但使明朝政府开始重视火炮技术。

2. 入清后，汤若望被顺治皇帝亲切地称为"父亲"还是"祖父"？

入清后，汤若望被顺治皇帝亲切地称为"祖父"。中国古代改朝换代时，前朝老臣通常很少被后朝重用，汤若望是个例外。他跨越了明清两朝，虽然是明臣，但得到了清廷的重用与尊重。汤若望是一个传教士，不仅是外国人，而且身怀绝技，他掌握了很多科学知识。当时，中国人对这些知识知之甚少。

《清史稿》中曾记载，"（顺治帝允汤若望）随意出入朝中，凡有启奏，俱准迳入内庭，不循常例"。

故宫的日晷

汤若望发明了“新法地平式日晷”。今天故宫太和殿两侧就有日晷，与太阳呈斜角。日晷上面有一根针，人们通过针的影子判断时间。汤若望的日晷是平式的，表面也有刻度，通过日光可以判断时间，这是一种新法日晷。

新法日晷

这个日晷是汤若望进贡的，上面写有“顺治元年七月吉日恭进，修正历法。远臣汤若望制。”从文字上判断，汤若望完全按照中国的规制行文。第一，他在文中使用了“恭进”二字，“进”有向上走之意。第二，汤若望将“远臣汤若望制”放在文末，用一行小字表示，由此自降身份，以示对帝王的尊敬。这也是清朝皇帝优待他的原因之一。

入清以后，汤若望被任命为钦天监监正。钦天监相当于今天的天文局或气象局。钦天监的监正相当于气象局局长，监副是副局长。因此汤若望的官职，相当于今天的中国气象局局长。

3. 汤若望官至几品？

汤若望曾经官居一品，在当时位极人臣。《清史稿》中曾记载：“十年三月，赐号通玄教师……尔汤若望来自西洋，精于象纬，闳通历法。

徐光启特荐于朝，一时专家治历如魏文魁等，实不及尔。”汤若望与徐光启私交甚好，徐光启向朝廷推荐汤若望，认为很多相关方面的中国专家都比不上汤若望。

汤若望被皇帝重用，与他引进西方历法密切相关。今天的中央气象台可以准确预报日食及其过程中的每一个环节，起止时间精确到秒，并且能够测出最佳观测地点，这就是历法研究的结果。汤若望进入中国时，将这些知识系统地介绍给中国人，但当时的学者与他发生了争执，这种争执在清政权入主中原时愈演愈烈。

当时中国的天文学专家，认为汤若望作为一个外国人，不应干涉钦天监的政务。汤若望说服了皇帝，在今天北京的建国门处修筑了观象台。这座观象台非常壮观，所有的仪器铸造得异常精美，时至今日依旧可以使用。

北京古观象台

清初引进的西方历法并不少见。当时，很多西方科学家进入朝廷任职，但中国人并未推广西方历法。历法之争也成为当时中西方的一场争斗。清朝官员杨光先曾与汤若望发生了激烈争执，双方各执己见。当时国人的科学知识匮乏，尽管汤若望等传教士的道理非常明确，但很难说服没有常识的清朝官员。

比如“地圆说”是日食与月食的理论基础，但清朝官员认为，假设地球是圆的，那么地球另一侧的人会头朝下，无法生活，而江河湖海也无法沿着河道流淌，会四溅奔流。他们的井蛙之见，得到了当时中国大部分知识分子的支持。当时万有引力学说尚未提出，汤若望等传教士无法驳斥这个观点，在辩论中处于下风，被判处凌迟处死。

这发生在康熙四年（1665），恰逢北京大地震，昭圣皇太后趁机为汤若望求情，他才得以幸免。次年，汤若望病故。这个案件对康熙影响深刻，后来他说了这样一段话："尔等惟知朕算术之精，却不知我学算之故。朕幼时，钦天监汉官与西洋人不睦，互相参劾，几至大辟。杨光先、汤若望于午门外九卿前，当面赌测日影，奈九卿中无一人知其法者。朕思，己不知，焉能断人之是非？因自愤而学焉。"

康熙时期，中国疆土最为广阔，这源于他的勤奋与努力，同时还有赖于他开阔的视角和广阔的胸襟。汤若望案件发生时，康熙 11 岁。他在 14 岁时亲政，第一件事便是为汤若望平反，恢复汤若望的名誉，由此可见康熙的科学态度。他精通数学、几何、天文、地理、水利，会四国语言，这是因为他年轻时刻苦发奋，达到了其他帝王无法企及的高度。

古玩门诊

古玩一

清咸丰　豆青地青花加白八仙掸瓶（一对）
高 59.5 厘米

这是一对青花掸瓶，尺寸较大，在古代是用来插掸子的。过去有很多掸瓶，通常尺寸更大，这是为了插较大的鸡毛掸子。这种掸瓶一般作为观赏器物，并无太多实际用途。生活中，人们除了有物质追求，还有精神追求，这种漂亮的掸瓶就是一种精神追求。

掸瓶的双耳有铁花装饰，瓶底是一个豆腐款儿的章，写着“康熙年制”，但它是咸丰年间的。它的画片是“凤栖梧桐”，寓意“家有梧桐树，引来金凤凰”。凤凰、梧桐、牡丹是一种吉祥画，意味着吉祥如意。这是一种很世俗的表达方式。

古玩二

这是一个粉彩盖罐，底部有一个后钻的圆孔，旁边有一个英文

"China"。它表面的画片十分经典，众多孩子在嬉戏，称为"婴戏图"。"婴戏"通常有十六子或十八子，画百子的也很多。这件瓷器与常见瓷器不同：其一，它采用了色地儿，这种湖蓝绿色十分漂亮；其二，画片上所有的人物、纹饰、植物、洞石都是凸起的，它是模制的。

这种瓷器在清代中叶偏后期最常见，从嘉庆、道光时期开始流行，到同治、光绪时期深受人们喜爱。这种瓷器的制作成本相对较高，比起普通绘制画片的瓶子，它更不易保存，表面凸起的地方很容易被磕碰。

它的颜色很柔和，图案中的"婴戏"，表现的是一群孩子在敲锣打鼓，做游戏，是一种吉祥图案。它与"方天画戟"和"蛱蝶"等吉祥图案，都是清朝晚期出现的。

它的做工非常精美，美中不足的是底部被钻了一个孔，可能当年流失海外时被人挪作他用。20 世纪 50 至 70 年代，很多文物被卖到国外。

外国人将它当成室内陈设，以调节室内灯光，于是在它的底部钻孔，上方加上灯柱，将它改成了一盏漂亮的台灯。这也是它身上蕴含的故事。今天，它重新受到重视，被请回了祖国，只是底部留下了一个历史印记。

清康熙　斗彩婴戏连升三级盖罐

古玩三

这是一组瓷塑，总8个，有人物，也有动物，包括兔子、老虎、羊、鸟等。其中的5个有孔，3个没孔。这5个有孔的瓷塑也叫“哨”，能够吹响，是古时候人们哄小孩时的玩具。在古代，孩子的乐趣较为单一，因此玩具也十分简单。这些瓷塑的年份是宋、金、元时期的，属于北方的磁州窑。

磁州窑创烧于北宋，是宋、元、金时期北方地区著名的民间瓷窑之一。产品以白瓷、黑瓷和白地釉下黑、褐彩绘瓷为主。磁州窑出产的瓷器器型生动，多以表现历史故事或民俗文化为主，深得民间喜爱，在全国皆有流传，成为极具欣赏和收藏价值的一个瓷窑体系。

这是一组非常民俗化的古代玩具，给当时中国人的童年带来无尽欢乐，其功能与今天三岁孩子玩的iPad并没有什么区别。只不过今天的玩具越来越虚拟化，而古代的玩具给人的感受非常真实，让人们留下很多童年记忆。过去的孩子经常会用子弹壳做哨，吹出响亮的声音，这带来了很多乐趣。这种瓷塑的小哨发出的声音没有经过任何现代化处理，是一种非常美好的追求。

中西合璧映画史

郎世宁是康、雍、乾三朝的著名画家，绘画技法高超，在中国画中融入了大量西方技法。他的画反映了中国绘画史的另一面。

清乾隆　铜胎画珐琅佛八宝福寿纹碗　口径 17.8 厘米
观复博物馆藏

上图是一只画珐琅的瓷碗。这种碗通常胎质较薄，分量很轻，但这只碗相对较重。画珐琅的技法自康熙年间传入宫廷，康熙皇帝非常喜欢这种风格，便迅速在宫廷中流传开来。

清乾隆　瓷胎画珐琅芦雁配诗文壶
英国大维德基金会藏

清代　古月轩款玻璃胎画珐琅彩荷花纹鼻烟壶
高 5 厘米　台北故宫博物院藏

明早期　景泰蓝海八怪纹大碗　口径 21 厘米
观复博物馆藏

此后，康熙要求中国工匠在其他材质上尝试画珐琅，珐琅彩由此得到移植，出现了瓷胎画珐琅和料器画珐琅。掐丝珐琅俗称“景泰蓝”，先用铜丝掐出图案，然后填彩烧制。瓷器上的珐琅彩是直接画出来的。

这只碗呈艳蓝色，这并非中国古人喜爱的颜色。中国人认为这种颜色不吉利，但西方人却特别喜欢这种艳蓝色，欧洲许多博物馆中的绘画背景都采用这种蓝色，大量家具和艺术品都以蓝色为衬底。这种蓝色符合西方风格，与中国传统颜色略有差异。

碗中间的画片是“五蝠捧寿”，这是典型的乾隆时期铜胎画珐琅瓷碗。其底部有莲瓣装饰，虽然没有落款儿，但它是宫廷器皿。即使在当时，也价值不菲，常人更是难得一见。这只碗反映了当时东西方文化的差异，以及相互之间的文化交融。

清代　景泰蓝狮子烛台（一对）长 30 厘米
观复博物馆藏

这是一对景泰蓝狮子烛台。清代艺术品融入了很多西方人的观念。西方人非常喜欢景泰蓝，但它不是中国人创造的技术，而是向西方学习的工艺。这对清代的狮子比明代的狮子更加温和。故宫门前的狮子是明朝永乐年间的，非常凶猛。故宫内部的狮子大都是乾隆年间的，形象非常温和，像是被驯化过的。狮子后背的部分可以拆卸。

在古代，这种有极强装饰性的景泰蓝作品只是陈设品，传递了很多美好的信息。狮子最初代表威猛，在中国文化中象征喜庆，今天世界上所有庆典中的舞狮表演都源自中国。

从元代的马可·波罗到明朝的利玛窦、明清之际的汤若望、清朝前期的郎世宁，他们虽然身份不同，但目的一致，都希望将西方文化融入中国文化，同时使中国文化向西方文化学习。中国人到清代才意识到这一点，开始引进西方科技。

中国真正放下身段儿向西方学习，是在改革开放之后。在此之前，中国的大国情怀阻碍了中国人向外界学习，将这种情怀表现得淋漓尽致的，就是乾隆皇帝。乾隆时期有长达 60 年的盛世，其祖父康熙、父亲雍正都极好地控制了中国的局面，出现了中国历史上唯一的百年盛世。整个 18 世纪，中国都处在巅峰状态。在这种巅峰状态下，一览众山小，中国人很难看清世界局势。

乾隆后期，英国人派特使马戛尔尼访问中国时，乾隆皇帝拒绝接见他，不愿意学习西方。这导致中国在鸦片战争中割让土地，受尽屈辱。改革开放后，40 年来中国人开始向西方虚心学习。今天中国已经融入世界，每个中国人都成为地球人，这便是文化融合的好处。

观复学堂

1. 郎世宁在中国生活了多少年？

中国最知名的外国画家便是郎世宁，他在中国经历了三朝，生活了51年。郎世宁在康熙五十四年（1715）以画家身份进入宫廷，他原本是传教士，有绘画特长。

康熙后期，清廷开始警惕西方宗教对中国的输入，唯恐形成燎原之势，便禁止郎世宁在宫廷传教。此后，康、雍、乾三朝开始对传教士加以控制，郎世宁隐藏了传教士身份，入宫当了画师，到乾隆三十一年（1766），他在宫廷中供职了51年。

郎世宁擅长油画，最喜欢画人物。中国古时的人物画像，都采用白描手法，只描边，并不注重立体感。郎世宁带来了西方绘画技法，所绘人物都颇有立体感。

康熙不喜欢油画，认为油画上的明暗光影不够美观，郎世宁便将自身的油画功力融入了中国画的技法，画出了很多帝王嫔妃像。郎世宁最重要的作品是乾隆及其11个后妃的画像，其中包括皇后画像。有一个完整的长卷，今藏于美国克利夫兰博物馆。

这是乾隆25岁时郎世宁绘制的肖像，非常准确地表现了乾隆皇帝的风貌。此外，还有乾隆的皇后，眉眼纤细，与今天浓眉大眼的审美不同。

乾隆帝后肖像卷

清代　郎世宁绘《射猎聚餐图轴》
故宫博物院藏

清代　郎世宁绘《平安春信图轴》
故宫博物院藏

左图是《射猎聚餐图轴》，皇帝端坐正中，周围有随从护卫，其中身着黄马褂的官员品阶较高。

右图是郎世宁的《平安春信图轴》。画内有诗："写真世宁擅，绩我少年时。入室皤然者，不知此是谁。"画中两人，一老一少。

对于这幅画，人们持两种看法：其一是，这便是雍正帝和乾隆帝父子；其二是，乾隆在少年时期，看到了自己老年时的模样。郎世宁绘画功力深厚，既融入了油画笔法，又有中国画的特征，使这幅画非常有名。

郎世宁在紫禁城内取得的荣耀，就连众多宫廷画师也难以望其项背。他融合了欧洲油画的艺术手法，加入中国传统绘画的渲染手法，以精彩的笔墨记录了大清帝国最辉煌的历史，栩栩如生地表现了盛世的恢宏光荣。

对于这位历经康、雍、乾三朝的宫廷画师而言，他一生的画技都在随着皇帝的喜好而调整。他在故宫画，在圆明园画，画人，画马，画出征，画凯旋，画一切皇帝让他画的东西。这种与众不同的绘画环境，让郎世宁的画作成为中国艺术史中一个独特的存在。

2. 郎世宁参与圆明园的建设了吗？

圆明园遗址

万方安和遗迹

万方安和复原图

圆明园远瀛观遗址

圆明园海晏堂遗址阶下喷水池残迹

圆明园遗址中有一处重要景观，名为西洋楼。西洋楼并没有处于圆明园的核心，但其中的遗迹全部保留下来了。西洋楼位于圆明园的东北角，内部中国传统的木质建筑都已经被烧光，比如万方安和等。从仅存的遗迹中，依稀可见当年建筑的宏伟。

这是大水法遗址。乾隆登基后，继续扩建圆明园，他喜欢西方文化，因此修建了西洋楼。西洋楼占地面积大，景观包括大水法、观水法和十二生肖喷泉。“水法”是运用水流运转形成的景观，声若洪雷。

圆明园大水法遗址

西洋楼是欧洲风格的。这种异国情调的园林建筑之所以能在中国植根，是因为它得到了乾隆的认可。西洋楼始建于乾隆十二年（1747），从那幅带有巍峨壮丽巴洛克风格的蓝图中，可以看到，大理石圆柱以及豪华富丽的螺旋形柱头装饰，充满了欧洲艺术风韵，而屋顶上金碧辉煌的琉璃瓦和用兽形装饰的飞檐，却是中国传统式样。在西洋楼所处的这条狭长地带上，分布着谐奇趣、海晏堂、大水法等十余个西式景观，它们散发出来的异域色彩，极大地满足了清帝的猎奇心理。如此充满西方意趣的设计，便是由当时深得皇帝欣赏的宫廷画师郎世宁奉旨设计的。

郎世宁在乾隆十二年到二十五年（1760）参与了圆明园西洋楼的修建，他与蒋友仁、王致诚、艾启蒙等人设计了十二生肖喷水池。在正午时，十二个生肖一同喷水，这便是当时设计的。这些欧洲建筑风格是洛可可式的。中国人表达美的方式往往使用直线，四平八稳，西方人表达美通常采用曲线。这是两种不同的审美情趣。

3. 郎世宁在多少岁的时候，乾隆皇帝为其筹办寿礼？

郎世宁27岁进入中国，在中国居住了51年，活到78岁。在古代，70岁生日是大寿，郎世宁70岁时，乾隆皇帝为其祝寿，很多人都给郎世宁送了寿礼。皇帝为其筹办寿礼首先出于政治目的，以表明皇家包容的姿态。

这场寿礼后，郎世宁于八年后去世，其葬礼非常隆重，下葬在北京西郊阜成门外的“滕公栅栏”墓地。这块墓地是皇家特批的，从汤若望开始，进入中国的许多著名传教士死后便不再运至澳门安葬。

这块墓地源于朝中大臣的建议。汤若望希望死后葬在中国，为后人铺平了道路。传教士们不远万里来到中国，希望埋葬在这片曾经传教的土地上，得到这片土地上人民的认可。因此，北京西郊的这块墓地，便成为外国人下葬最集中的地点，汤若望与郎世宁都葬在这里。

> 西洋人郎世宁自康熙年间入值内廷，颇著勤慎。曾赏给三品顶戴，今患病溘逝，念其行走年久，齿近八旬，着照戴进贤例加恩，给予侍郎衔，并赏内务府银三百两，料理丧事，以示优恤。

这是乾隆皇帝为郎世宁写的碑文，可见其葬礼规格之高。“勤慎”这两个标准是中国古代对文人的最高要求。郎世宁以一介画师的身份，得到三品官员的职位，十分难得。他去世后还被授予了侍郎官职，相当于今天的副部级，并且得到赏银抚恤。

古玩门诊

古玩一

隋代　青釉四系罐

这是一个隋青釉四系罐。这种四系罐在历史上非常流行，也有三系罐和两系罐。四系罐在隋唐时期比较流行。

这件四系罐的中间隆起一条线，釉面以此为界，到此为止。在高温烧制下，釉非常黏稠，如果将釉一直刷到底部，罐子会与窑具粘在一起，很容易破损。因此，早期罐子的釉面都有这种特征，在罐子中间做一个泾渭分明的界线，由于重力因素，釉到了界线就不再向下流，除非釉量很大。

这个罐子的釉面上，有一面界线清晰，另一面施釉过多，流淌到了下方无釉处。这种流下来的方式，带有一种不经意的自然美感，受到一些人喜爱。如果釉面界线完全分明，则少了这种自然感。

它是隋代的，其内部是满釉的。在使用时，无论是用来盛装粮食，还是用来腌菜，放置液体，都能防潮防腐，十分干净。但因其年代久远，做工粗糙，其内部虽然挂釉，但仍有一块泥粘在底部。

这件隋青釉罐的器型非常标准，是隋青釉的标准器物，腰部隆起的线条十分精神，如同时装中精美的肩线。

它是典型的北方隋代釉，是河南地区的产物，其釉面极不均匀，比同时代南方的青釉粗糙，但也代表了北方地区隋青釉的特征，给了人们鉴别的提示。

古玩二

清雍正　青花人物纹印盒

这是一个印盒。这个印盒严丝合缝，转动时声音粗糙，并不清脆，其胎土十分特别。

制作这个印盒时，工匠将胎土中的精华部分去掉，以追求一种缺陷美，其原理如同制作面筋。制作面筋时，先要将面和成面团，放在水中冲揉，面团便会不停地析出大量白粉，一直洗到不再析出白粉，水变得澄清为止，剩下的面团就是面筋。面筋口感筋道，黏性极大，甚至胜过口香糖和胶水，所以过去很多儿童会用面筋粘知了。古代工匠便采用此种方法，将没有筋儿的瓷土浆液利用起来，做成浆胎的印盒。

这个印盒未经使用，否则印泥油会沁入瓷胎中，外部就能看到红色。这个印盒有意做出一种陈旧感，属于雍正、乾隆时期，与郎世宁在世时期接近。

这个印泥盒保存完好，画片上是二人相遇，一人骑牛，一人骑马。

这是民窑的，底部没有款儿。故宫中的浆胎器皿都带有官窑款儿，最有名的浆胎是康熙时期的。

古玩三

清晚期　矾红描金花鸟纹汤盆

这是一个西方规制的瓷器，它是由中国工匠制造的，其耳部带有西方风格，并非中式风格。这种耳部极容易磕碰破损。这件瓷器在西方的功用是喝汤的器皿，用勺子从其中取汤喝，而非直接入口，由此可见东西方饮食习惯的不同。

这是一个漂亮的汤盆，其上原本应有一个盖。其年份在清中期偏晚，大致在嘉庆、道光时期。汤盆的工艺很精致，矾红颜色鲜亮，还有描金装饰。

这种餐具原本是成套的，一套中有几十件甚至上百件。汤盆的底部还有一点浪荡纹，这是清中期向国外输出的拳头产品。它做工精致，画工细腻，画面上有漂亮的雉鸡、蝴蝶和鸟。

古玩四

这件古玩分为两部分，下面是支架，上面是帽镜。镜子在今天已经普及了，家家户户都有镜子，但在一二百年前，家中拥有镜子是十分奢修的,《红楼梦》中就有借镜子的桥段。这块水银镜至少有100年历史,镜子上的水银已经氧化了。

明晚期　黄花梨帽镜

这件古玩的两个部位有色差，其底座做工精致，材质是上好的黄花梨，年份至少有300年了。底座上有镂空图案，这种镂空器物十分容易破损，很难保存，即使不被撞击磕碰，干湿抽涨时也可能破裂损毁。

底座下方的抱鼓墩儿很漂亮，保留了明朝遗风，图案是康熙时期流行的典型式样。这块大绦环板做得比较夸张，视觉冲击力很强。

底座与上面的镜子并不匹配，原本可能用于放置石板的插屏，而非镜架。镜子周边的纹饰并不完整，如果从对称角度看，角部应为三角形。此外，中段还拼接了一块木头，说明是后期衔接的。

这件底座由插屏改为帽镜，是在100多年前发生的。当时帽镜更加流行，价值也更高，人们便裁了一块镜子，装饰了镜框，此后进行修改调整，匹配在底座上，成为一个完整的帽镜。

勤勘博考探神州

利玛窦、汤若望、郎世宁都有传教士身份，马可·波罗来中国经商，最后介绍的这位来到中国的外国人有着明确的目的，即研究和考察中国的民情和地质。他是一位科学家和地质学家，名叫李希霍芬。

唐代　红丝风字砚　长 22.5 厘米
观复博物馆藏

这是一方砚台，它的外形像“风”字，因此被称为“风字砚”。这种砚台在唐宋非常流行。这方风字砚的内部是一个中规中矩的“风”字外形，外形稍微有一点变化。风字砚的专业名称叫“箕形砚”，说明它形如簸箕。其砚池略微向内倾斜，砚台的两足向后倾斜，以便盛放墨汁，研墨完毕后防止墨汁外流。

这是一方唐代的红丝砚，产于山东地区。中国古代有四大名砚，其中南方有两种名砚，分别是广东肇庆的端砚和安徽的歙砚。北方的两种名砚分别是甘肃的洮河砚和山西的鲁柘澄泥砚。

砚是中国传统手工艺品，也是文房不可或缺的用具之一。历史上出现过多种材质的砚台，但经过多代考验，石砚仍被文人雅客崇为主流，不同地区不同石料制造的砚台，使石砚呈现出地域性特征。最具代表性的四大名砚，则属砚台中流传至今的经典。

历史上的四大名砚中本没有山西的鲁柘澄泥砚，却有山东的红丝砚。红丝砚有着天然纹理，淋水后会出现柳条状的红丝，颜色鲜艳，极其漂亮，因此被称为“红丝砚”。令人遗憾的是，这种红丝砚的矿石枯竭了，因此到宋代，四大名砚只剩三种。为了加以补充，山西的鲁柘澄泥砚便位列其中，但鲁柘澄泥砚与其他名砚并不相同。肇庆的端砚、安徽的歙砚、山东的红丝砚、甘肃的洮河砚都是石质的，用天然石材雕刻为砚台，鲁柘澄泥砚却是用泥烧制的，其工艺完全不同。

严格意义上看，四大名砚依旧是指石制的四种名砚。这方红丝砚来自山东，它代表一种山东文化。李希霍芬对山东的情感很深，他在山东进行了详细而具体的考察。

唐代　陶制风字砚　长 21 厘米
观复博物馆藏

宋代　风字砚

北宋　景德镇窑影青釉划花水波纹斗笠碗　口径 20.5 厘米
观复博物馆藏

上页下图是一只景德镇窑影青釉划花水波纹斗笠碗，距今1000多年了。此碗的釉色是影青瓷中最漂亮的湖蓝色，它是1000多年前中国人烧造的一只普通瓷碗。它的釉色之所以如此漂亮，源于优质的原材料，也就是被李希霍芬命名为“高岭土”的瓷土。中国人烧了1000多年瓷器后，这种瓷土才被一个德国人命名为“高岭土”，最终使这一词语通行于世界，成为一种荣誉。

高岭土烧制的瓷器瓷质精良，推动了宋代以后瓷器的繁荣，这也是青花、五彩、粉彩等多种瓷器烧造的基础。所有器物的原材料质感都非常重要，以服装布料为例，“的确良”是化纤的，而呢子是纯毛的，因此质感不同，高下立见。

这只景德镇湖蓝釉瓷碗，体现了先人的精湛工艺。我们也从李希霍芬等外国人的眼中，重新认识了自身文化。

1. 德国人李希霍芬在中国做过几次实地考察?

李希霍芬是世界著名的地质学家，他于 1861 年第一次来到中国，并未进行实地考察。因为当时中国正值太平天国运动的动荡时期，清政府不准他北上，因此他无法深入内地，只到了上海后便返回本国。此后他又去了美国，在加利福尼亚勘测到黄金矿藏，引发了美国 19 世纪末的淘金热。

1868 年，李希霍芬再度来到中国，以上海为基地，先后 6 次考察了中国的主要省份，包括广东、江西、湖南、浙江、山东、山西、陕西、甘肃等省。李希霍芬在四川见到了都江堰，将这座世界上最老的水利工程介绍给了全世界。

李希霍芬还在江西发现了中国人用高岭土制瓷，并第一次以“高岭土”命名这种瓷土，此后世界各地的瓷土均被称为“高岭土”，这是李希霍芬对中国文化的贡献。中国的祁连山脉在国际上被命名为李希霍芬山脉，这是一种国际惯例，以最先发现者的名字进行命名，使其更加个性化。

李希霍芬也考察了山西，并指出山西的煤矿储量丰富，能够供应全世界使用几千年。在考察新疆时，他还准确地指出了罗布泊的位置。他在书中，第一次提到了“丝绸之路”的概念，这一名称一直沿用至今，对中外文化产生重大影响。在没有现代化工具的情况下，李希霍芬依靠原始的交通工具，进行了诸多科研考察，为中国和世界做出了巨大贡献。

李希霍芬像

都江堰水利工程

高岭土

2. 1872 年，李希霍芬返回德国后，集中精力整理了在华考察资料，完成了五卷巨著。著作的名称是什么？

李希霍芬的五卷巨著名为《中国——亲身旅行和据此所作研究的成果》，简称《中国》，这本书在全世界产生巨大影响。1872 年，中国处于清朝后期，当时李希霍芬在中国考察完毕，回国后经过细致整理，出版了这部书。

这部书在 140 多年前第一次提出“丝绸之路”的概念。这一概念在全世界都代表着中国古代的辉煌，中国古人长途跋涉，勤劳经商，才有了这条“丝绸之路”。今天重提“丝绸之路”，并提出了新的概念“一带一路”。“一带一路”中的“一路”就是新的“丝绸之路”。

李希霍芬的考察工作非常艰苦，他每天只睡四个小时。他心中有一个虔诚的观念，不论考察地的条件多么艰苦，每天晚上都要写日记，记下当天考察的发现。

“在大同府，矿井深入 250 英尺[①] 的地层，有的矿井呈螺旋状，煤层厚达 30 英尺，产出十分优质的煤。一头骡子驮运的煤（约 200 斤）可卖到 200 文。这里的矿工每人每天下井 20 次，每次采 25 斤煤。日产量可达 500 担，年产量估计有 14 000 吨。”这是李希霍芬在当时对山西大同煤矿的具体描述。

时至今日，山西大同出产的煤依旧是中国最优质的，而在 140 多年前，李希霍芬就做了如此具体的记录。

3. 1898 年，清政府与德国签订了《中德胶澳租界条约》，条约中把哪个地区租借给了德国？

《中德胶澳租界条约》中明确指出，“胶”是胶州湾，“澳”是码头之

① 1 英尺 =0.3048 米。

意，意为“胶州湾的码头”，就是今天的青岛。19 世纪末中国遭到了列强的凌辱。1840 年发生了鸦片战争，1860 年发生了第二次鸦片战争，英法联军攻入北京，1900 年八国联军进北京，越来越多的列强进入中国。

这一时期，中国政府签订了一系列不平等条约。《中德胶澳租界条约》在 1898 年签订，青岛被租借给了德国。

当时李希霍芬勘察了山东，对山东的印象非常好，认为山东人质朴、勤劳，山东的地理位置也非常好。山东半岛直插入海，既有山脉，又有平原，物产丰富。李希霍芬还给德国政府写信，说明山东地理位置的优越性。

1885 年，李希霍芬绘制的《山东东部地图》

古玩门诊

古玩一

清雍正　紫金釉开光花卉纹罐

这是一个颜色较为特殊的人头罐。人头罐很常见，是古代常见的家用瓷器，与人头一样大，形状也类似，故称“人头罐”。这是一个三面开光的人头罐，三面都绘有花卉，有的中间还画了寿桃，寓意吉祥。

这件人头罐与普通人头罐的色彩不同，它的地子是酱色的。酱釉是这种颜色瓷器的通俗叫法，比较雅致的专业名称是“紫金釉”。紫金色是清初外销瓷中最流行的颜色，因此，这件人头罐是清代的外销瓷。

这件人头罐的画风和颜色是雍正时期的，也有可能在康熙时期就已经将罐子烧制出来，挂上酱釉，放入库房，到雍正时期又绘制了图案，进行二次烧制，所以其胎体呈现的特征比画面的特征早。也存在一些人头罐是康熙年间烧造的，到光绪年间才进行绘画。这件人头罐距今有300多年了。

古玩二

明晚期　青花瓜瓞绵绵瓜棱罐

这是一个青花罐，专业名称是“瓜棱罐”，并非纯圆形，表面有瓜棱状凸起。它的图案是枝蔓上的南瓜。在中国古代丰富的语言文化中，大瓜为瓜，小瓜为瓞，因此有“瓜瓞绵绵”。“瓞”字较为生僻，故会用谐音的“蝶”来代替，因此有很多图案是瓜和蝴蝶。“瓜瓞绵绵”就是大瓜与小瓜缠在一起，寓意子孙万代，子嗣绵延。古代人很重视后代继承，而对人最狠毒的咒骂，并非脏话，而是“断子绝孙”。

这件瓜瓞绵绵青花罐的瓜棱不太明显，隐约能够摸到瓜棱。这种瓜棱罐在晚明的天启到崇祯时期较为流行。今天，人们又开始喜欢这类带有浓郁文化特征的古玩，因为批量生产抹杀了个性，每种产品千篇一律。这种有独特个性的作品，让人眼前一亮。

古玩三

这是一个天字罐。一般罐子的盖子通常都是天盖地，但这个罐子是地包天，罐子口部有兜齿，盖子卧在口部之内。

清晚期　五彩戏曲人物盖罐

清朝前期这种形制的罐子并不常见，早期的罐子都是外盖，盖子都扣在瓷器上。清代嘉庆、道光之后，出现了很多卧在内部的盖子。这种盖子相对易于保存，不像人头罐的盖子那样易碎。

这个罐子的画片带有康熙时期的味道，但它是晚清年间的，画片仿照了清前期的风格。它的盖子卧得很深，盖得很严，在外部平视时甚至看不见盖子，十分有趣。今天这种罐子非常少见，生活中并不常用，是一种观赏摆件。

古玩四

清代　玉青蛙摆件

这是一只玉雕青蛙。在古代，青蛙的形象都是四条腿的，而蛤蟆的器型都是三条腿的，这是一种文化象征。“刘海戏金蟾”就是关于三条腿蛤蟆的典故。人们常说“三条腿的蛤蟆不好找，两条腿的人好找”，指的就是三条腿的蛤蟆很罕见。这只动物有四条腿，是一只青蛙。青蛙下方还有一个小孔，可以穿绳悬挂。

中华文化中，人们很喜欢蛙，因为蛙多子多福。在古代有“养儿防老”的理念，子孙越多，老年时越幸福，因此人们对青蛙这种多子的动物很喜欢。这只青蛙做得非常生动，仿佛随时可以跃起，它的脊背隐隐约约，线条流畅准确。尽管青蛙体型圆润，但做出了一种跃跃欲试的起跳状态。

这件玉器是清代的，在当时是一种随身佩戴的小物件，通常挂在烟袋头的荷包上。它寓意多子多福，非常吉祥。

济民务农传四海

贾思勰是中国古代杰出的农学家，他的综合性农学著作《齐民要术》是中国古代史上重要的农书。这本书不仅包括丰富的农学知识，也为后世农学著作提供了可参照的典范。它是中国现存最早、最完善的农书，在世界农学史上也占有一席之地，深远地影响着后世的农业生产，是一部大型的农业百科全书。

西晋　越窑青釉双系罐　腹径 21 厘米
观复博物馆藏

这是一个西晋时期的青瓷罐，比贾思勰的《齐民要术》年份还早，距今已经 1500 多年了。经过漫长的岁月，今人可以看到古人对美好生活的追求。在敲击这件瓷器时，它的声音很清脆，这说明其烧造温度高，质地很好。

西晋时期，瓷器的装饰手段较少。今天所见的各种彩瓷在当时尚未出现，早期的彩瓷只有青釉和少量的黑釉。这便是早期青瓷，其釉面只施上半部分，下半部分露胎，没有施釉。

这件青瓷罐的上半部分做了很多装饰，两边有铺首耳，肩部有一圈细碎的印文，是在瓷胎未干时用印章印制的，很有节奏感。除了主体图案，其上下两层采用圆形图案，中间有菱形图案，排列整齐。这些图案都是手工印制的。

《齐民要术》反映了古人的生活追求，其中的一些技术（比如如何耕种，如何修剪树木，如何医治动物）受到时空限制，今人已看不见了。但这些器物却流传下来，这件青瓷罐与贾思勰处于相同的时代，让人们从另一个角度认识那个时代。

六朝　錾花柿蒂纹龙足金鐎斗　高 7.8 厘米
观复博物馆藏

这是一件金器，并非今天的常用器皿。它有一个敞流，水从此处流出。其前方有一只水鸟，这种器物名为鐎斗。鐎斗在战国时开始出现，流行于汉代。汉代的鐎斗在行军打仗时使用，通常放置在炭火盆旁，作为水器，用来烧热水。

这件鐎斗器型较小，难以用来烧水。鐎斗通常都是汉代的，器型较大，能烧较多的水。三国两晋到南北朝时期，鐎斗逐渐退出了历史舞台，南北朝时鐎斗几乎消失了。今天流传下来的鐎斗有汉代和三国时期的，西晋的很少，南北朝的更少。此后，鐎斗便作为一种怀旧的象征，被人们制作成小摆件。

这件黄金鐎斗可能是宫廷器皿，十分精美，细节刻画准确，非常漂亮。它代表了人们怀旧的精神状态，体现了古人的精神追求。

这件鐎斗与贾思勰处于同一个时代，能保存到今天也实属偶然。在古代，黄金器物最难留存，改朝换代后，黄金器皿往往会被熔掉重铸。尤其在社会动荡时期，黄金是保值的，可以改造成其他器物，因此历史上保留下来的黄金器皿较少。

南朝青釉鱼柄鐎斗
高 11.2 厘米　口径 12.7 厘米
底径 9 厘米　福建博物院藏

战国　原始瓷青釉鐎斗
高 10.3 厘米　口径 16 厘米
足径 12.5 厘米　故宫博物院藏

西晋　青釉火盆鐎斗
火盆高 4.5 厘米　口径 13.8 厘米　底径 8 厘米　斗高 4.9 厘米　口径 6.2 厘米
温州市博物馆藏

1.《齐民要术》的“齐民”二字是什么意思？

贾思勰的第一本书，也是他最重要的著作，名为《齐民要术》。“齐民”是一种古老的说法，是“平民”之意。“齐”与“平”意思相同，因此有“齐平”。“平民”便是老百姓、普通人。“要术”是指生产、生活中的重要技术。

“《史记》：‘齐民无盖藏’。如淳注曰：‘齐，无贵贱，故谓之齐民者，若今言平民也’。”《齐民要术》共有十卷。古代书籍通常分卷而不分册，这是因为在唐以前，书籍都是卷起来的竹简，因此十卷竹简就是十卷。图书发展到后来装订成册时，书籍才分册，卷与册意思相同。

《齐民要术》正文7万字，注解4万字，共11万字。11万字的书与今天的著作相比不算厚，但在古代惜墨如金的时代是较厚的。在《齐民要术》中，贾思勰引用了150种以上的著作，其中有很多已经佚失的图书。书中有许多农谚，如“天上鱼鳞斑，晒谷不用翻”，说明在傍晚如果看到天空中布满鱼鳞状云彩，次日一定是晴天。

《齐民要术》的内容很丰富，包括耕种、农艺、园艺等，有花草桑蚕，也有植树造林，此外还包含纺织、畜牧、兽医、配种、酿造、烹饪、贮备，以及治荒。所谓“治荒”，即遇到荒年如何度日，介绍了很多办法。《齐民要术》中有许多百姓生活中需要掌握的重要生存技巧。

2. 贾思勰是哪里人？

贾思勰是山东寿光人。今天的山东寿光是重要的蔬菜基地。北京是世界级的大都会，其大部分蔬菜都是山东寿光供应的。

寿光有密集的大棚，一眼望不到头。大棚内种植各种蔬菜，包括很多反季节蔬菜。寿光的蔬菜大棚利用现代科技控制湿度、温度，以达到冬暖夏凉的目的。此前的蔬菜大棚只能增温。

贾思勰塑像　济南泉城广场文化长廊

这是贾思勰的雕像（他的真实样貌已无从考证），雕像中的贾思勰身材瘦削，长须飘飘，颇有古时名士风范。

清代人姚振宗的《隋书经籍志考证》中，有关于贾思勰出身的记载："魏书有贾思伯，字士林，齐郡益都人。弟思同，字士明。孝明帝时并为侍讲，授静帝《杜氏春秋》。思伯谥文贞，思同谥文献，已在魏之季世，当南朝梁武帝天监、普通、大同之时，思勰或与之同时同族，为郡守以后不仕而农者欤！"这是在考证贾思勰，说明他与贾思伯、贾思同都是同时代的族人。贾思勰是北魏人，距今 1400 多年。他是山东人，对北方的事物比较熟悉。《齐民要术》的地理范畴便是今天北方的黄河流域。

山东寿光蔬菜大棚

3.《齐民要术》在什么时候传入日本？

《齐民要术》对中国产生过巨大影响，不仅提高了中国人的生产效率和生活质量，也对海外产生了影响。《齐民要术》成书于距今 1400 多年前的北魏时期，在隋唐，日本向中国派出遣隋使、遣唐使，到中国学习技术。恰在此时，《齐民要术》传入日本。

日本学者藤原佐世，在宽平年间（889—897 年），编写了《日本国见在书目录》，也就是当时日本的藏书书目汇总，其中载有《齐民要术》十卷。

现今流传下来最早版本的《齐民要术》是北宋年间的崇文苑刻本，是印刷本，只存两卷残本——第五卷和第八卷，其他八卷已经佚失。这两卷是国宝级的古籍，都被收藏在日本。

达尔文的《物种起源》两次提到《齐民要术》，可见《齐民要术》在全世界都很有影响力。

古玩门诊

古玩一

清乾隆　道教修仙图雕塑

这是元代道教修仙图，构图内容丰富，十分有趣。这个修仙图构造繁复，既有人物，又有动物，动物中有猴、鹿、鹰，可谓神仙人物、翎毛走兽一应俱全。人物是八仙，其中有铁拐李、吕洞宾、蓝采和、何仙姑等。佛教注重成佛，而道教注重修仙，这就是道教的修仙图。

修仙又名“修真”，是道教文化的核心。“仙”是在科学知识匮乏，生产力水平低下的古代，人们对人类进化、史前文明，以及更高等生命体的猜测，是一种信仰，也是人们心中的美好向往。当时的人普遍认为，仙人拥有特殊能力，住在天上的宫殿中。人们还相信通过某种途径修炼自我，就可达到“仙”的境界，即所谓“得道成仙”。

当今科技发展，文明日进，人们已知神仙是虚构的，但道教中的“孝、忠、诚、信”等伦理仍为现代人所推崇。这幅修仙图中的“八仙”

均为凡人得道，个性与百姓接近，为道教中相当重要的神仙代表。

这幅修仙图内容丰富，动物繁多，布满角落。其颜色有红色和蓝色，人物身上的赤裸之处都是露胎的，没有施釉。修仙图中的人物特征指向明确，是乾隆时期的，其蓝色也是乾隆时期塑造人物最流行的色彩。构图中的路径折返，象征层层修炼的仙途漫漫，最终升上天际。

它的内容五花八门，形成一种开放的态势。其瓷胎质地坚硬，也是乾隆时期的特征。这是一件重要的道教文物，通常在道观中作为摆件，反映古人的观念。

古玩二

金代　北方窑口白釉盏

这是一个盏。一般形制略小的碗都被称为盏，比如茶盏。这个小盏的白釉不够白，略微泛黄，其露胎处颜色很深，表面有一层白粉，如同打了粉底。这种白粉被称为“化妆土”。当瓷胎较黑时，上釉后烧出来的品相不佳，因此，在挂釉烧制前，工匠会调制一种白色的化妆土，如同粉底，将瓷胎涂上化妆土后，再挂釉烧制，瓷器就变白了。

这个盏之所以泛黄，是因为其年代过于久远。它是金代的，距今有800多年，是北方窑口烧制的。化妆土技术在宋代开始流行，也是北方窑口的技术。这件金代的白釉盏品相很好，略有磕碰痕迹，但由此可见瓷胎。它的器型较小，并非饭碗，是当时人用于饮茶的茶盏。

古玩三

南北朝时期　青釉鹅头柄水器

这是一件青釉水器，功能不明。它的内部略有兜沿儿，将水倾倒出来的时候倾斜的幅度很大，否则无法将内部的水倒空。因此它很难用于倒水，并非文房中的水盂。它的器型很像打油时使用的油滴漏，把手长度适中，可以作为打油时分配油的器皿。这件青釉瓷器内部釉面较亮，外部污浊，可能是其内外的使用状况不同。

这件青釉瓷器状态良好，有1500多年了，与贾思勰所处的时代相近，是南北朝时期的器物。其瓷胎更倾向于北方胎质，青釉略似隋青釉。这是一件精致的青釉瓷器，其把手部分做得很有情趣，伸出来的部分做成天鹅头状，这也是南北朝时期较为流行的动物装饰特征。

博文通武天下闻

中外交流史上，很多中国人是世界一些文化和科技领域的开山鼻祖。沈括就是这样一位历史名人，他撰写了《梦溪笔谈》。《梦溪笔谈》内容丰富，是宋代的重要著作，这部著作影响后世 1000 多年。沈括不仅是科学家，也是一位政治家。他参与了王安石变法，还曾代表北宋出使辽国，是中国文化史上一位非常重要的人物。

北宋　定窑仙鹤灵龟纹盘　口径 13.2 厘米
观复博物馆藏

这是一件北宋的定窑盘子，器型较小，盘子正中的图案中有一只仙鹤与一只乌龟。龟与鹤都代表长寿，即“龟龄鹤寿”。背景中有洞石、花卉，其边饰做得非常繁复，盘子的口部镶银，十分讲究。

它的纹饰清晰，镶嵌银口，反映了当时的科技水平，也体现了宋朝人怡情养性的生活追求。银子在古代属于贵金属，是货币。通过这种镶嵌贵金属的盘子，可见当时人对这件商品的重视。

这个盘子距今 1000 多年，体现了中国古代文明的高度。这件文物让人们了解了中国人的聪明才智，再现了古人优雅的生活。

北宋　越窑青釉荷叶双鱼纹盘　口径 17.8 厘米
观复博物馆藏

这是北宋初年的越窑双鱼纹盘，产自浙江地区。越窑与定窑一南一北，代表了宋代的陶瓷工业的成就。瓷器在今天非常普遍，这是先人在悠长的历史岁月中不断努力的结果。

沈括的《梦溪笔谈》出版不久后传到了日本，这部书对日本产生了极大的影响，在世界文化史中也做出了极大的贡献。

宋代是中国人文科学的巅峰时期。明代以后，西方资本主义开始萌芽，文艺复兴以后，欧洲逐渐崛起，中国在元明之际比较沉寂。明代后期，许多中国文人也撰写了与《梦溪笔谈》类似的科技著作。

1. 沈括是钱塘人，钱塘今指哪里？

每年秋天人们在杭州观潮，称为“钱塘观潮”。“钱塘”即今天的杭州，沈括就是杭州人。秦代在钱塘置县，称“钱塘县”。《史记·秦始皇本纪》中有明确的记载：“过丹阳，至钱唐。临浙江，水波恶……”钱塘在秦代称为“钱唐”，隋朝时依然沿用“钱唐”的称呼。到了唐代，为了避“唐”的国讳，因此改为“钱塘”，也就是今天的杭州市。

钱塘江大潮

钱塘江大潮极其壮观。钱塘江有一个喇叭口，每年秋天，潮水最大，回涌时，在喇叭口越向内走，江面越窄，压力越大，潮水越高，导致钱塘潮波澜壮阔。

钱塘江发源于安徽，整体贯穿浙江省，每一段的名字都不同。钱塘江的上游在安徽，称为“新安江”。到了浙江建德，叫“同江”，同江的下游叫“富春江”，此后钱塘江走了一个“之”字形，因此这一段称为“之江”，最后一段叫“钱塘江”，可以统称为“浙江”，这也是浙江省名字的由来。钱塘江全长589公里，是浙江省最重要的水系。

古时候，文人墨客在钱塘江观潮，留下了许多不朽诗句。李白的《横江词》（其四）中有“浙江八月何如此，涛似连山喷雪来”，气魄宏大。刘禹锡的《浪淘沙》中有“八月涛声吼地来，头高数丈触山回”，其中“涛声吼地来”十分形象地形容了钱塘潮的凶猛。苏轼的《催试官考较戏作》中，有“鲲鹏水击三千里，组练长驱十万夫”，也写出了钱塘潮的壮阔。

钱塘江大潮十分凶猛，观潮时一定要遵从指挥。即使远看如同一条细细的白线，潮来时也异常凶险，需要注意安全。

2.《梦溪笔谈》的“梦溪”指的是哪里？

《梦溪笔谈》中的“梦溪”是沈括的住宅，位于今天的镇江。古时候有地位的文人都会给自己的住宅起一个名字，以显示自己的文化素养。

沈括的住宅名叫“梦溪”。南宋《舆地纪胜》记载了“梦溪”的由来：“括尝梦至一处小山，花如覆锦，乔木覆其上，梦中乐之。后于京口得地，恍然梦所游也。因名曰梦溪。”

《梦溪笔谈》成书于11世纪末，最初是26卷，后来补充了几卷，总计30卷，此书的条目很多，分17目（共609条）：故事、辩证、乐律、象数、人事、官政、机智、艺文、书画、技艺、器用、神奇、异事、谬误、讥谑、杂志和药议。

书中的“神奇”指的是生活中令人难以理解的事物。“杂志”与今天的杂志不同，包罗万象。虽然这本书的内容十分具体，但从《梦溪笔谈》这个书名，人们很难推断其内容。

相似的还有《容斋随笔》，“容斋”是作者洪迈的号。《阅微草堂笔记》是纪晓岚的著作。这两本书的内容也极其丰富，但从书名很难判断内容。此外，《聊斋志异》也很难从书名判断内容，只是因为它脍炙人口，人们才都知道这是一本鬼神小说。这是古人写书的一种策略，用一种故作神秘的方式来引人注意，惹人猜测其内容。

3.《梦溪笔谈》是如何介绍石油的？这本书还提到了“石炭”，“石炭”又是什么？

《梦溪笔谈·卷二十四》中有关于石油的准确记载：“鄜延境内有石油，旧说高奴县出‘脂水’，即此也。生于水际，沙石与泉水相杂，惘惘而出，土人以雉尾裛之，乃采入缶中。颇似淳漆，然之如麻，但烟甚浓，所沾幄幕皆黑。”

“鄜”在今天的延安。这个地方由于地名太生僻，1964年推行简化字的时候，将“鄜”改为“富”，所以现在的“富县”就是过去的“鄜县”。“高奴县出脂水”中的“脂水”就是带油的水，这种脂水就是石油。它生于水际，因此采石油的人都知道，先打出的是水，其中包括沙石和杂物，此后开始出石油。“土人”就是当地人。因为石油非常黏稠，没有办法开采，土人便用鸡毛沾着将油提出来，放在瓦罐儿中，看起来如同黏稠的黑漆。点燃后会有一点小火苗，但是烟气很重，会将整个房间熏黑。

《梦溪笔谈》中的“石炭”就是今天的煤。

古玩门诊

古玩一

清雍正　青花一束莲纹盘
口径 27.8 厘米

这是一块青花盘，历史上它裂成两半，此后手工艺人将它锔起来，重新成为一块完整的盘子。过去的人很惜物，有很多走街串巷锔锅锔碗的工匠，将打碎的器物锔起来，延长它们的使用寿命。今天，这种工艺几乎失传了。这块青花盘底部有很多锔子，有些已经脱落了。

这块青花盘的背后比较脏，这种污垢需要很长时间才能形成。青花盘的图案是一束莲，这种图案出现在明代初年，常见于永宣青花上。明朝初年，朱元璋十分厌恶官场腐败，曾多次下令反腐。“一束莲”就体现了当年的反腐，提倡为官清廉，“清”指“青花”，“廉”指“莲花”，通过谐音警示官员为官要清廉。

这块青花盘并非明朝的，而是清朝雍正年间的。雍正时期对吏治非常重视，大力反腐，因此青花一束莲的图案再度兴起。

这块青花盘距今 270 多年了，盘底的锔钉已锈掉，说明它被打碎也有一二百年了。今人能再次看到它，十分幸运。这有赖于古人勤俭节约的意识和高超的手工修补技术。

古玩二

清乾隆　绿地粉彩山水纹盖盒

这是一个粉彩盖盒，下方有一个木质底座，与盒子并非一套。这件盖盒做得十分精致，周围和边饰上有很多隆起的小点，是用来防滑的，避免失手将其打碎。

盖盒的正面图案是春天的山水，其中有凉亭桃花。远山近水，寥寥几笔，意境卓然。

它是一个普通的小瓷盒，可能是印泥盒或粉盒。因为它的颜色脂粉气较重，所以用来放脂粉的可能性更大。这种精致美丽的风格更适合女性使用。

它的年份是乾隆年间，做工精致，底款儿是草记款儿的“乾隆”。它在乾隆盛世时，是一种很普通的商品，有很多被保留到今天。只不过大多被人们收藏，市面上很少见。

古玩三

这是一个尺寸很大的漆瓶，是一件精美的陈设品。这个漆瓶传递了典型的盛世气象，是乾隆时期的风格，其造型与图案都属于乾隆时期。这个漆瓶的刀法十分犀利，但磨功不够。

近代　剔红开光山水人物纹瓶

这个漆瓶的质量很好，做工讲究，胎薄口利，属于20世纪五六十年代的作品，带有一种岁月的沧桑感。

剔红又名雕红漆，是一种极为复杂的传统漆器制作工艺。此技法成熟于宋元，在明清时期得到长足发展。在制作时，工匠一般以木灰、金属为胎，在胎骨上髹以几十甚至上百层红漆，再在红漆半干时，剔出预先设计的纹饰。一件优良的剔红器作品，工艺繁复程度不可思议，最终制成的必是隽永珍品。

剔红采用的都是传统方法，层层上漆后，在漆柔软尚未干透时剔漆，用手上的功夫和心中的定数来刻出美丽的图案。完毕后，将漆器晾干，干透后进行打磨。这件漆器在中华人民共和国刚成立的时候属于非常精致的工艺品，其口部尤其精美，并且保存完好，底足较小。

古玩四

清雍正　粉彩花鸟纹盘

这是一块粉彩盘，它的正面富丽堂皇，背面却较为粗糙，没有图案纹饰，甚至还有裂纹。常规来看，这十分矛盾。它是特定时期的一种产物，并且产量极大。

它是雍正年间的外销瓷，发往欧洲，用来换取外汇。中国古人通常利用自身的勤劳和智慧创造价值。

18 世纪，由于欧洲航海兴盛，贸易往来频繁，中国瓷器在欧洲掀起一股热浪。当时刚刚学会烧制一些瓷器的欧洲人，普遍使用釉陶或传统的锡制器皿，远远落后于中国瓷器的技术水平。欧洲许多国家都曾为节省进口费用而仿制中国瓷器，比如意大利就曾使用白黏土和玻璃粉末来烧制瓷器，但这些富有想象力的尝试，均未成功。

这一时期，欧洲人刚刚摸索出烧瓷技艺，大部分陶瓷器皿都是贵族专用的，通常是釉陶。这件瓷器声音清脆，十分坚实，胎体很薄，其表面的色彩及搭配都非常热闹，符合欧洲人的喜好。

古玩五

这种罐是唐代的标准造型，俗称“万年罐”，它的底部无釉，可以作为佐证。万年罐是陪葬用的。在古代，有地位的人去世后，会随葬一些万年罐。唐代的陪葬品中，万年罐极多。其中唐三彩万年罐最多，而造型也与这个万年罐相同。

唐代　白釉万年罐
观复博物馆藏

这个万年罐是陶器，是用陶土烧制的。它来自河南巩县（今巩义）附近，属于巩县窑。这个罐子的表面有一层化妆土。这种万年罐烧制时温度偏低，经历了1000多年，表面已经失去光泽，但产生了一种金属感，十分漂亮。

罐子上面有一个盖子，与罐子并非一体，是后来配的。它的形状与罐子相近，但年份稍晚，搭配相对合适。

这种素罐即使没有盖子，插入鲜花后，也会有一种素雅天成的美感。虽然它的釉色不均匀，光泽已失，但造型饱满，色泽很白，蕴含一种独特的美。

医者仁心济苍生

李时珍是中国历史上著名的医学家，他写过一本重要的著作——《本草纲目》。

清早期　紫檀黄花梨小药箱　长 18.5 厘米
观复博物馆藏

这是一个小药箱。古人生病时，医生有时提供上门服务，便会携带这种药箱。这个药箱上有锁，打开正面后，内部有四个小抽屉，可以分别放置药品与医疗用具。小药箱的外部材质是紫檀木，内部则是楠木。

这种小药箱代表了医学的进步。虽然在今天看起来它依然十分落后，但在古代，还没有西药的时候，这种紫檀木小药箱非常高级，可以显示医生的身份。通过这个小药箱，人们可以了解古代中国医药的情形。

这是一个药钵。其内部十分光滑，这是因为被常年使用，反复研磨。这个药钵分量较沉，钵壁很厚，在研磨时不会被轻易打碎。药钵的底部有 4 个字——同仁堂制。

清康熙　霁蓝釉药钵　腹径 27.5 厘米　高 13.5 厘米
观复博物馆藏

清康熙八年（1669），乐显扬创办同仁堂。今天的同仁堂是一家上市公司，药材品种丰富。同仁堂有许多治疗民间慢性疾病（如慢性支气管炎）的药物，这些病服用西药效果不好，于是人们便用中药调理医治。

这个药钵是康熙年间的，与同仁堂诞生的年份相近。同仁堂的宗旨是一视同仁，无论身份高低，不分贫富，同仁堂在对待疾病、治病救人方面都是同一种态度。李时珍撰写《本草纲目》的初衷，就是普世救人，不分身份，病人都有获得医治的权利。

这个药钵的内部没有釉，是为了方便研磨药物。其内部原本是涩胎，经过长期研磨，变得极为光滑，如同触摸皮肤一样。

今天的医院已经普及。所有病人都是弱者，在生病时都会恐惧担忧，非常不安，医生的一言一行会影响病人的身心健康。现代医学技术发达，手术治愈疾病十分常见，但古人通常采用内科治疗之法，通过吃药等方法治疗疾病。

距今 400 多年前，名医李时珍撰写了将近 200 万字的药学名著《本草纲目》。其中很多药方，对现代中医治疗有着极大的帮助，并没有失传，或者作为古董束之高阁。这些药方在今天依旧是很多治疗用药的基础，它们不断进步，推进医学科技发展。

1. 李时珍考过几次科举?

李时珍画像

这是李时珍的画像。中国古代智者的形象普遍偏瘦，如老子、孔子、庄子，也包括李时珍。在古人的观念中，勤于思考的人通常身材瘦削。李时珍是明代中后期人，其时世界格局发生了变化，中国不再是世界上最繁荣强大的国度。欧洲的发展步伐越来越快，明朝在认识上相对停滞不前，满足于之前的成就。

李时珍参加过三次科举，还参加过一次童试。李时珍幼年时是当地的神童，心智比常人开窍早，观察事物的能力也更加全面。他在 14 岁时参加了童试，考中了秀才，此后又在 17 岁、20 岁、23 岁时参加乡试，都未中。

20 岁到 23 岁，李时珍大病一场。他患上了“骨蒸病”，与今天的肺结核类似。李时珍的父亲是一位医生，为李时珍调药诊治，最终将其治愈。这件事给了李时珍很大启发，他开始放弃仕途，潜心医学。

出此可见，人生的路途很多，未必只有一条。李时珍的科举考试，如同今天的高考，即使没有考上合适的学校，未来在另一条道路上也许会有更好的发展。学校教育是人生的重要历程，但不会决定人的一生。人生的历程，取决于人在社会中发展的定力与目标。

2.《本草纲目》写了多久？

李时珍的《本草纲目》写了27年。他撰写《本草纲目》并非闭门造车，主观编撰，而是进行了大量的调查研究。当时中国的社会背景并不支持科学研究，明代皇家崇尚道教，喜欢炼丹，对医学并不支持。明朝末年道教风行，炼丹风靡一时。丹药中含汞，长期服用容易慢性中毒，嘉靖皇帝便死于服食丹药。

在这种环境下，《本草纲目》的写作时间很漫长。李时珍从35岁开始写《本草纲目》，历经27年，在62岁时完成这部书。在古代，年过六十便是长寿。李时珍撰写这部书需要极大的毅力，他坚持写作，终于在有生之年完成了这部鸿篇巨制。

《本草纲目》全书近200万字，有52卷，载药1892种，此后增加了374种，其中有绘图1100余幅，可惜绘图大部分佚失。书中还附加了11 096则药方，其中包括前人流传下来的药方8160个。

3. 李时珍看到《本草纲目》出版了吗？

李时珍的《本草纲目》的出版过程十分曲折，他在世时并未看到《本草纲目》出版。李时珍对此书倾注了大量心血，他去世三年后，《本草纲目》才完成刊行，正式出版。

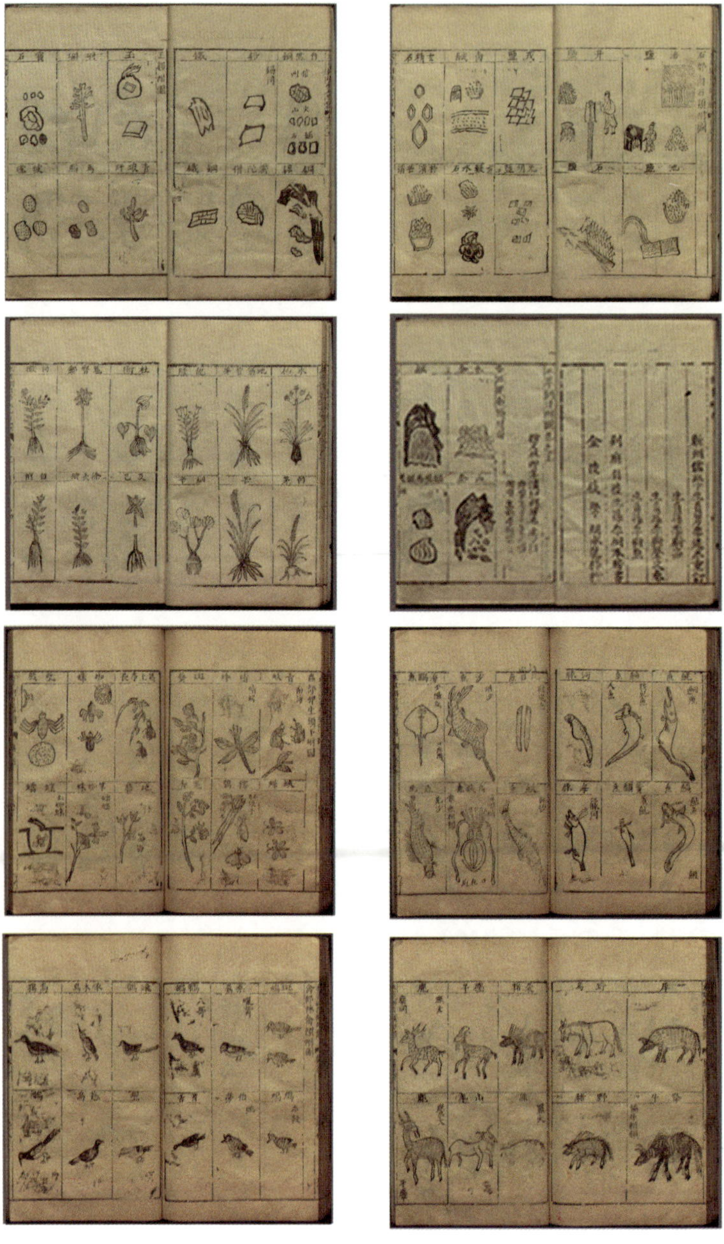

《本草纲目》各部

李时珍生前为刊刻此书到处奔走，他在62岁时完成此书，到76岁病逝时，间隔有十多年的时间，如果他能活到《本草纲目》出版之时，应该已经80岁了。《本草纲目》出版于1596年，这本书的刊行对全世界产生了巨大影响。

疾病与每个人息息相关，中药学是一座宝库，缓解了几千年来中国人的疾苦。为了治愈病患，也为了修正古医书的错误，李时珍跋山涉水，遍尝百草27年，黑发人变白发人。动笔前，他曾“读书十年，不出户庭”，认真查阅800多种参考书，最终完成《本草纲目》。

《本草纲目》纠正了以往本草书中金石不分、鱼虫互混、品类错置等现象，批驳了“草子变鱼”“马精入地变锁阳”等谬说。不论从它严密的科学分类，还是包含药物的数目来看，都远远超过它之前的本草著作。

《本草纲目》出版后不久，就被译成日、朝、法、德、英、俄等文字，在全世界广泛传播，产生深远影响。

《本草纲目》是非常重要的古代文献，极大地提高了中国人的生活质量。

《本草纲目》书中的插图都由李时珍亲手绘制。在没有现代工具辅助的条件下，李时珍潜心研究药物，向人们介绍了丰富的医药学知识。

古玩门诊

古玩一

清晚期　青花亭台人物玲珑瓷盘

这是一块玲珑瓷的盘子，瓷胎略薄，质地很轻，盘子较浅。它与中国的盘子风格不同，中国的盘子普遍较深，可以盛装菜肴的汤水。在吃牛排时，盘子太深反而不便。

这块盘子周边运用了一种技术，名为“玲珑瓷”。其中有透光的部分。在制作瓷器时，未上釉前，将这些部分镂空，上釉之后，釉将镂空部分填满，形成透光效果。这种技术也被称为“米粒瓷”，因为透光处如同一颗颗米粒。

玲珑瓷是明代后期开始创烧的，到乾隆年间较为流行，深受外国人喜欢。在100多年前的巴拿马国际博览会上，中国景德镇的玲珑瓷得过金奖，在全世界产生了巨大影响。这块玲珑瓷盘便是那一时期的，这种盘子通常行销欧美。外国人对它更感兴趣，认为它十分神奇。

这块瓷盘中央的图案非常饱满，背后的款识是“康熙年制”。这4个字写得很随意。当时很多瓷器底部都写着“康熙年制”“雍正年制”或“乾隆年制”，也有光绪和同治的款识。对西方人来说，这仅仅是中国字，并没有特殊意义。

这块瓷盘的底款儿写得略偏，并不居中，因此盘子并不是为中国人制作的。中国人在这方面比较讲究，瓷器的底款儿一定要写在正中，否则瓷器会被认为是残次品。这种瓷盘通常有一组，其他的或佚失或损毁，最后只剩下这一件，留作欣赏，也是一种乐趣。

古玩二

战国　错金银嵌松石带钩

这是一个带钩。它做工精美，有很多装饰，镶嵌了松石，还有嵌金和嵌银。这种带钩在先秦时期十分常见。尤其在战国时期，它可以显示人的身份。

这个带钩的佩戴者地位很高。带钩上嵌松石和嵌金银的图案非常严谨，它属于战国时代，但是其头部与中间镶嵌部分的风格略不匹配，可能进行过衔接修复。这个带钩整体较为完美，流传下来的并不多见。

古玩三

这是个青花药罐，很像人头罐，但比人头罐略小。过去的中药铺中，会成排地摆放药罐，药罐的内部放着很多药物，其中器型更小的，称为“小药罐”。

清雍正　青花山水人物纹药罐

这个药罐是雍正年间的，画片是山水画。其画风与清初的“四王山水”非常接近，水相连，山不相连，这是清初山水画的典型特征。这种小药罐在古代用于治病救人，后期也可能挪作他用。

这个药罐原本搭配了一个盖子，但盖子易碎，因此这种药罐十之八九没有盖子。

治历明农启万兴

在中外交流史上，有很多人不畏艰险，为中国的科技发展做出了卓越贡献。徐光启就是其中一位。他不仅是一位科学家，也是一位政治家，官至礼部尚书、内阁次辅，相当于今天的副总理。他致力于诸多科学研究，尤其通晓农学，翻译了《几何原本》《泰西水法》，著有《农政全书》，为古代中西文化交流做出了重要贡献。

明代　犀牛望月镜架及弦纹铜镜　高 35 厘米
观复博物馆藏

这是一个铜镜，铜镜下方有一只犀牛，这种构图名为“犀牛望月”。中国古代没有犀牛，古人甚至看不到它的图像，因此工匠发挥想象，将犀牛的角做到脑后。

铜镜及其镜架都是晚明的。铜镜是素镜，与汉唐铜镜相比，其质量严重下降，镜面非常模糊。

这个艺术摆件隐含着丰富的社会内容，蕴藏着深厚的农业思想。

清早期　黑漆点螺采桑图圆盖盒　直径 19.7 厘米
观复博物馆藏

这是一个清早期的点螺漆盒，其年份下限是乾隆时期。漆盒的画面是农桑图，图案中星星点点的金黄色都是纯金，其螺钿也嵌得非常精细。

这个漆盒功能不详，可能是放置点心、干果用的，或作为摆件陈设。

漆盒上的农桑图，表明了古人对农桑的重视。现代艺术品大都脱离现实，很少反映农业生产活动。在古代，人们会将生活中最重要的部分，用艺术品呈现。

在古代，“农”是为了种粮食，目的是“吃”。“桑”是为了养蚕织布，目的是“穿”。“吃穿”二字是中国历史上的头等大事。近些年来，社会生产力提高，粮食过剩，服装也过剩了。二三十年前，粮食与服装还十分稀缺，人们十分珍惜。一件新衣服只有过年时才舍得穿的情景，在今天已经消失了。很多人忘记了中国的农业之本，艺术品也不再反映日常生活。

1. 徐光启是哪里人？

徐光启是上海人。

《明史·列传第一百三十九·徐光启传》中记载："徐光启，字子先，上海人。万历二十五年举乡试第一，又七年成进士。由庶吉士历赞善。从西洋人利玛窦学天文、历算、火器，尽其术，遂遍习兵机、屯田、盐策、水利诸书。"

徐光启向利玛窦学习过天文、历算、火器。利玛窦是将诸多西方科学技术引进中国的第一人。徐光启则由一个"庶吉士"成了"赞善"，也就是一个普通人经过努力成为官员。

徐光启是天主教徒，他的墓地位于上海市区的徐家汇，徐光启死后葬于此处，其子孙也葬在这里。现今的徐家汇建立了光启公园，这里有徐光启纪念馆。

上海市徐汇区徐家汇光启公园

徐光启纪念馆

2.《农政全书》约有60万字，一共有多少卷？

《农政全书》一共有60卷，包括农本3卷，田制2卷，农事6卷，水利9卷，农器4卷，树艺6卷，蚕桑4卷，蚕桑广类2卷，种植4卷，牧养1卷，制造1卷，荒政18卷。

3. 徐光启和一位外国传教士共同翻译了《几何原本》，请问是哪位传教士？

徐光启和利玛窦共同翻译了《几何原本》。利玛窦是传教士，他为中国带来了很多西方科技思想。今天数学中的很多术语，如三角、锐角、钝角，都是徐光启在翻译西方书籍后，经过反复斟酌确定下来的。

《几何原本》得以译为汉字，是中西方学术第一次融合的成果。合作翻译成功后，忧国忧民的徐光启深刻感受到西方理性思考和自然科学研究的先进性，心怀报国安邦之志，广为结交来华的西方传教士，利用西学更新历法，引进天文学和火器制造等重要领域的技术。这些不仅为正在走下坡路的大明王朝带了科技工具，更是中西方文化融合的第一缕曙光。

北京印刷的《几何原本》 罗马中央国立图书馆藏

这是北京印刷的《几何原本》，是中国最早的几何学图书。

徐光启除了在几何学方面有建树之外，在天文领域也有著述，《崇祯历书》是他与汤若望互相帮助撰写的。这本书包含各种气象知识，直接与农业相关。

古玩门诊

古玩一

明万历　道教人物铜像

这是一尊道教人物铜像。明代后期的嘉靖、万历时期崇尚道教，十分流行道教人物塑像。宋代也有这种塑像，但相对较少。流传至今的道教人物塑像，大都是明代后期的。

这件道教人物铜像经过反复髹身，形成了表面的厚漆。这种漆的历史较长，并非做旧。铜像的背后有“万历二十五年”字样，其时代风格非常准确，与万历时期常见的道教人物很接近。这尊铜像一直被供奉着，因此保存状态完好。

铜像的铸造也相对厚重，很有分量感，这是一尊十分标准的道教太上老君像。其做工考究，人物形象庄严肃穆。

古玩二

清嘉庆　矾红描金甲子万年盘

这是一块甲子万年盘。盘子背面的图案中写着“甲子万年”4个字，底款儿是“大清嘉庆年制”。

“甲子万年”的瓷器最早出现于乾隆年间。乾隆九年（1744），当时乾隆34岁，正是农历“甲子”年。传统中国纪年中，60年为一个“甲子”，第一年就是“甲子年”。这一年，唐英在景德镇为乾隆皇帝烧制了一组瓷器，而宫廷的造办处也做了一批玉器，都有“甲子万年”字样。

雍正六年（1728），唐英被任命为景德镇督陶官，专门负责监督宫廷御用瓷器的设计和生产。到任后的3年时间里，他闭门刻苦钻研制瓷，从门外汉变成了技艺精湛的制瓷专家。

这位能文善画，书法、篆刻兼修而精的大师，不仅在仿古瓷器上颇有造诣，还创烧了许多新瓷器品种，深得雍正和乾隆信赖。不论是设计巧妙似分却和的交泰瓶，还是外表美观、灵活显示干支的转心瓶，皆被誉为空前绝后的瓷中珍品。

“甲子万年”是一句吉祥语，乾隆希望能将盛世延续下去。流传至今最漂亮的“甲子万年”瓷器都是乾隆时期的。除了“甲子万年”盘，还有“甲子万年”笔筒，中间可以转动，上书“甲子年”。

嘉庆年间也烧造了“甲子万年”瓷器，以纪念乾隆。这块盘子与乾隆时期的盘子相比差距很大，质量变差，釉面不平，有很多皱纹，“甲子万年”写得非常呆板。盘心画面中的蝙蝠画得过于肥胖，缺乏灵动，这是制瓷水平下降的标志。

古玩三

清晚期　青花矾红九龙闹海长颈瓶

这个瓶子的尺寸较大，画片内容丰满，题材是“九龙闹海”，海水密布。它的烧制工艺较为复杂，分两次烧制，第一次将海水画完，烧出青花图案，此后在留白处画龙。这些空白处是事先预留的，因此图案要经过严谨的设计。

这种造型流行于雍正、乾隆时期。它的画面很漂亮，龙纹与海水的表达都很准确，底部的款识写得十分肥厚，与光绪款儿常见的书写模式不同，并非呆板的官款儿，但仅凭这些很难确定它是否属于官窑。

清朝末年，很多人怀念前朝。民国年间，很多曾经为清廷做过瓷器的工匠的技艺得以延续。虽然时代变了，但他们却尽力模仿前朝。瓷器上的龙是正面龙，双目圆睁，可能是晚清时期绘制的。其款式也不标准，因此判断它基本是清末民初的器物。

古玩四

唐代　巩县窑绿釉执壶

这是一把短流执壶，属于唐代的经典造型，风格古朴，釉色很好。壶身有流淌状的绿釉，这在当时十分流行。如同唐三彩斑驳状的颜色搭配，它在风格上与唐三彩近似。

它的胎土也是很老的陶胎土，釉面是低温釉，形成自然流淌。这把壶是唐代河南巩县的窑口，遗憾的是口部破损，影响了它的价值，但并不影响欣赏。

古玩五

民国　料彩鼻烟壶

这是一个鼻烟壶，口部在破损后被磨平，其底部写着“琅玕仙馆”。它是民国时期的，图案较为精致，但由于使用频率过高，画片略微模糊。画片上有一只青蛙，姿态奇特，蹲坐于荷叶上，向上观望。

鼻烟壶底部的“琅玕仙馆”四个字含义不明，需要考证。古人经常会自命堂号，这四个字可能就是堂号。堂号也经常有重名或抄袭现象。

承天载物垂千史

明末清初的宋应星在很多方面都颇有建树。

明晚期　青花花鸟一甲传胪纹碗　口径 11.5 厘米
观复博物馆藏

这是一对明晚期的青花碗。碗心画着一个螃蟹，碗底有 4 个字——“弘卉珍玩”，“弘”在古汉语中意指如同美玉的石头。

碗的中心画着一只螃蟹，这涉及古代“二甲传胪”的说法。“二甲”是指明末科举中的第二名，“传胪”就是唱名。古代殿试中，传胪是非常庄重的仪式。皇帝公布登科之人的姓名，此后会有人高声唱名，层层下传。之所以需要传唱，是因为古代没有扩音设备，皇帝为了让所有人听到自己公布的内容，便让大臣层层传唱，让在场者都能听见，以防止作弊。

两只碗中各画了一只螃蟹，正好是“二甲”。螃蟹是甲壳类动物，寓意“甲”。碗的外壁画着一只翠鸟，它站在芦苇上。此外，还画有芙蓉。这都是吉祥图案。这只碗是崇祯时期的，与《天工开物》处于同一时期。

科举制一度成为巩固王朝统治的手段，但到了清朝末年，科举制最终在改革的号角中被废止。今天，我们依然能从这类古代器物中了解一些科举文化。

这两只碗虽然不如官窑的精致，但是反映了特定时期的文化特征。只有了解中国科举史的人，才能理解螃蟹与芦苇的含义。碗底的“玜卉珍玩”四个字反映了古人在温饱基础上的精神追求。这两只碗早年曾流往日本，近些年才回到中国。

明代　骨胎垒丝带链穿心金盒　直径 5.5 厘米

这是一个精致的穿心盒。古人用一条丝巾从盒中间的孔穿过去，两边各打一个结，便可以随身佩戴。穿心盒的内部是骨头质地的，由于时代久远，骨头已经酥松，表面有很多孔。穿心盒的表面采用金丝编织，这是一种垒丝工艺。盒子侧面有金链，可以将盒挂在身上。

这个穿心盒体现了《天工开物》的主旨——巧夺天工。用肉眼看，这个穿心盒精致到了极致，做工非常精细，十分难得。它反映了中华民族心灵手巧的技术能力和中国工匠极大的耐心。

《天工开物》距今 380 多年了，对日本周边国家的影响，对中国自身的影响都非常大。

1. 宋应星所著的《天工开物》于哪一年出版？

《天工开物》于崇祯十年（1637）出版。

《天工开物》的书名出自古籍：《尚书·皋陶谟》中有“天工人其代之”，意指人工巧夺天工；《易经·系辞上》中有“开物成务”。

《天工开物》上卷包括乃粒、乃服、彰施、粹精、作咸、甘嗜等，讲述了粮食的生产方法，衣服原料的来源、加工，染色技术，谷物的加工，以及盐、糖和蜂蜜的生产方法。中卷的“陶埏”讲述了陶瓷的制作方法，“铸造”讲述了金属工艺的铸造，“舟车”讲述了各种交通工具，“锤锻”讲述了铁器和金属器的铸造和捶打。下卷包括五金、佳兵、丹青等篇。此书包罗万象，这正是它的价值所在。即使在信息爆炸的今天，写出这么一部跨越诸多行业的书也非常困难。

宋应星用毕生精力撰写了这部重要著作。《天工开物》出版十年之内便传入日本，对日本产生重大影响，日本人从中学习了很多技术，并流传后世。

2. 家蚕有白色的、黑色的，有黑白相间的吗？

《天工开物·乃服》中记载，“凡蚕形亦有纯白、虎斑、纯黑、花纹数种，吐丝则同”。家蚕通常是白色的肉虫，也有虎斑色的，无论是白蚕、黑蚕，还是虎蚕，吐出的丝都是白色的。家蚕成熟后会变成飞蛾，与野蚕变成的飞蛾的区别在于颜色不同。

左　家蚕（蛾）右　野蚕（蛾）

蚕除了吃桑叶，还吃莴笋叶，此外也吃柘树叶。古诗中有“桑柘影斜春社散，家家扶得醉人归”，“桑”“柘”类似。《天工开物·乃服》中有“又有柘叶一种，以济桑叶之穷”。这说明养蚕时如果没有桑树叶了，也可以用柘叶替代。

故宫博物院的《御制耕织图》和五彩耕织图棒槌瓶都反映了古代统治者对耕织的重视。

清代　焦秉贞《御制耕织图》局部

清康熙　五彩耕织图棒槌瓶
故宫博物院藏

家蚕

虎蚕

莴苣叶

桑叶

3.《天工开物》中所述的“狗头金”是出自山石，还是出自水沙？

《天工开物》除了介绍一些常见的手工业，还包括一些古老的行业，比如开矿。

《天工开物·五金·黄金》记载：“凡中国产金之区，大约百余处，难以枚举。山石中所出，大者名马蹄金，中者名橄榄金、带胯金，小者名瓜子金。水沙中所出，大者名狗头金，小者名麸麦金、糠金。”

《天工开物》中的“狗头金”是从水沙中开采出来的。通常形容一个人十分走运，就会说出门遇到“狗头金”。现实中，狗头金不仅产于水中，在开采矿山时也发现过狗头金，墨西哥的金矿中就出现过狗头金。

狗头金

古玩门诊

古玩一

清乾隆　粉彩观音山

这就是一尊观音山。它的颜色多而繁缛，但这些色彩都在雍正、乾隆时期的颜色范畴之内。这尊观音山是乾隆年间的。

这尊观音山的做工看似很随意，但反映了当时人们的追求，它是当时社会流行的一种家庭摆件。宗教为人们提供了很多精神力量。在生活不如意的时候，人们信奉宗教是为了理解人生或为人生找寻方向。在民间，人们会用世俗的手法来表现宗教追求。这尊观音下面有童女，这也是一种非常世俗的表达方式。它是当时的一件普通文物，内容十分丰富。

古玩二

这是一只浅碗，碗面有一些斑块。它是平底的，底部中心略有塌陷，质地较软。它的胎土介乎于瓷与陶之间。这种平底碗一般都是唐代以前的。唐代的瓷器最早是玉璧底，圈足出现得很晚。唐代的壶、罐子、碗大部分是平底的。在唐代，与这件瓷器的釉色接近的是河南的鲁山窑，它的斑状纹与唐三彩类似。当时斑状纹非常流行，这只瓷碗就是唐代的。

唐代　鲁山窑盘

这是唐代河南地区鲁山窑中一只很普通的碗，残缺得很厉害。这种瓷器流传到今天的不多，代表着当时一种另类的审美。这种审美在中国历史上并不流行，宋、金、元代都有这种斑块的图案，但并非主流，不被人们重视。它的器型十分标准，胎土是当时的土窑，距今 1000 多年。

古玩三

南宋吉州窑木叶纹盏

这是一只南宋时期吉州窑的叶纹碗。吉州窑有很多装饰工艺，这只碗便体现了其中一种——用真实的树叶贴在碗的内部，挂上釉后，叶片蒸发了，叶脉的纹饰却留存下来。叶纹碗是南宋吉州窑中的名品，每只碗的树叶都不同，而且树叶往往贴得很偏，从不居中，体现了一种自然优雅的美感。

这只碗底足的做法与建盏有所区别，这是吉州窑的典型做法，它的体量较小。宋代建窑地位崇高，周边纷纷效仿，便有了吉州窑的茶碗。这只碗是一件不错的藏品，美中不足的是碗中略有粘沙现象，除此之外无懈可击。它距今八九百年，没有磕碰修补，保存完好。

叶子底部有一个弯曲的线条，有人认为这是将蚕和桑叶一同融入碗中。这只碗中的树叶是桑叶，但这条曲线是不是蚕，还有待考证。

古玩四

元末明初　青花缠枝花卉纹双流军持

这是一个双流壶。它有两个壶嘴，倒水的时候可以同时流出两股水，普通的壶倒水时只有一股水流。电视剧中常有一种能够下毒的壶，有宋代的文物可以佐证。通过控制气孔，可以从壶中倒出不同的液体。

这个双流壶后面有一个系，可以系绳。这种壶的造型与常见造型略有不同，它在东南亚非常流行，称为“军持”。“军持”是佛教用语，在佛教中用于净手。这个壶未必是用来净手的，但应该是一个实用器。

这种壶的年份通常是元末明初，在东南亚出水的很多，也可能来自日本。今天在菲律宾、印度尼西亚等国家及其海域，出水了很多元末明初的瓷器。这个双流壶就是当时的一件实用器。它保存完好，十分难得。其底部采用模制方式，较为少见。

鸣环佩玉生光辉

古代的佩饰种类繁多，包括头上插的，耳朵、脖子、手腕上戴的，以及腰间挂的等。从古至今，中国人都很注重打扮，配饰是与老百姓最贴近的文物。

配饰是附着于冕服之外的饰物，或玉、或金、或银、或铜、或彩石。以玉为饰物的风俗自古有之，玉贵为统治者专有，可以显示佩戴者的身份。“温润而泽”的玉，被用来象征佩戴者的“仁”。玉的“缜密似栗”则象征佩戴者的“智”。儒家更将佩玉与道德高尚与否相联系，并进一步规定，“君子无故，玉不去身”。这种社会道德观千百年来一直深深影响着中国人的言谈举止。时至今日，佩玉仍被人们喜爱。

春秋　青玉勾云纹璜
观复博物馆藏

这是一对璜，也称“珩”（héng）。严格意义上的璜是璧的 1/2，也就是一个半圆，1/3 的璧通常称为“珩”。这是春秋时期的璜，中间有小孔，孔中穿过丝线的时候玉是平衡的，所以叫“珩”。

这对璜雕工精致，表面有游丝雕，线条细如游丝。古代雕刻使用的工具并非利器，而是通过琢磨的方式，以柔克刚，用线绳蘸上解玉砂，不停摩擦。通过不断地更换绳子琢磨，最终成型，这就是所谓的“绳锯木断，水滴石穿”。

玉器质地硬，春秋时期，铁器刚出现，其硬度不足以雕刻玉器，利用绳子和解玉砂打磨玉器，足见古人的耐心。很多工匠一生中做的玉器很少，因为制玉成本极高。古人的这种耐心正是今人所缺乏的，体现着一种生存智慧。

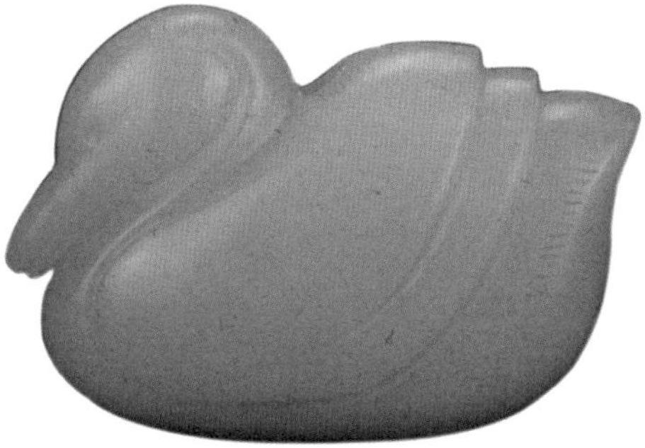

清乾隆　白玉鹅
观复博物馆藏

这是一个水禽玉坠。其形象较为模糊，外形像鹅，但前额不够突出，像鸭子，头又显得过大，像鸳鸯，但羽毛不同。

这件玉坠的尺寸适度，刚好可以握在掌心。这是白玉中玉质最白的。如果更白，玉质就会下降，如同人的肤色，适度的白才是最美的，过犹不及。这种白色的羊脂玉等级最高。

这个玉坠可以称为“凫”，也可称为“鹅”。其雕工非常圆润，细节处理到位，尾部还雕刻了羽毛。这种玉坠在清代很受百姓喜爱，中间穿绳便可以挂在腰间。

此玉坠反映了一种安逸的生活，体现了人们生活的富足与悠闲。水禽分为两类：一类是游禽，如鸭子和鹅，在水中游动；另一类是涉禽，腿很长，比如仙鹤、鹭鸶，通常不会游泳，在浅水区涉水，捕食小鱼、小虾和河蚌。

游禽的共同特征是游动速度都很缓慢，十分悠闲。古人发现了它们的这一特征，雕刻了很多游禽玉器。生活节奏太快，人们往往无法承受，于是便需要一种张弛有度的舒缓感。

1. 已知的最长的玉组佩由多少个玉佩组成？

西周　玉组佩

古代早期的玉佩多是组佩。这是一组著名的西周组佩，其长度将近两米。已知最长的组佩由 204 件玉佩组成，但它并非件数最多的，组佩中件数最多的有 408 件。这几组重要的玉佩都是西周时期的，出土于山西省。

在这些大型的古代组佩出土之前，人们没见过实物，只能通过古籍想象它们的样子。《礼记》中记载“古之君子必佩玉……君子在车，则闻鸾和之声”。说明君子在行走中，玉佩会发出撞击之声，提醒君子注意礼仪，不能行走过快，以致行为失当。

春秋战国时期礼崩乐坏，刺客众多，君主要求所有人佩玉，限制了他们的行动，一旦突然有动作，身上的佩玉会先发出声响。从这个角度上讲，玉佩还可以防刺客，因此古代组佩较多。一些出土的组佩通常极长，人在生前无法佩戴。有些达到两米，这种组佩便是丧葬礼仪，专为死者下葬所用，反映了死者生前的地位。

战国早期　玉多节佩

这是一组多节组佩，出土于战国早期的曾侯乙墓，一共有 16 节，由 5 块玉雕琢而成。虽有 16 节，但其中间的环却是活环，这是中国玉器中第一件由一块整玉雕出的活环玉器。其出土时，工艺曾震惊世界。

一般组佩中经常有“觿”。“觿”呈角状，《说苑》中解释，“觿”是“治烦决乱者佩”。“治烦决乱”是指在心中有事烦扰不宁时，将做决断，而佩觿者应该具有这种能力，这也是社会赋予的一种含义。

古代男子佩觿，也可当作工具使用。人们出行时，通常会带一根绳子和一根觿，觿可以辅助解开扣子。久而久之，男子佩觿成为一个可解女子心结的象征。女子将心事向男子诉说时，男子可以帮助解开心结。

春秋　玉凤鸟形觿　长 10.8 厘米

战国晚期　玉龙形觿

2. 古代的玉坠一般都佩戴在哪里？

生活中，有人佩戴古代玉器，有人佩戴新雕刻的玉器。在古代，玉坠一般佩戴在腰间。玉坠通常都有分量感，“坠”便是下沉之意，通常以手能握住为尺寸。

玉坠都是圆雕，而非片状玉器。早期的片状玉器通常贴身佩戴，玉坠却无法贴身，只能在腰间佩戴，或当作手把件。在古代将玉坠悬挂在腰间，具有公示和炫耀的意味。此外，也可以将其放在衣物内保护起来。玉坠放在腰间，也方便随时取下把玩，而佩戴在胸前，形状突兀，会令人不适。

玉坠这一形制出现得偏晚，通常在宋元以后才开始出现圆雕的玉坠。

宋代　玉雕回首瑞兽　长 9 厘米

这是宋代的瑞兽手把件，握在手中非常莹润。瑞兽呈回头状，背上的脊骨很有特点。

宋代　黄玉卧犬　长 7.7 厘米

这是宋代的黄玉卧犬，其脊骨与上面的瑞兽相同，只是姿态不同。

元代　双色玉雕卧马佩　长 5.2 厘米

上页下图是元代的双色马。蒙古人是马上民族，对马有深厚的情感。黑白双马在玉器中是一种巧色处理，主要依赖天然材料。玉料原本便是黑白两色，被工匠巧妙利用，制作成双色卧马。这件卧马的穿孔方式与其他玉器不同，是长方形的天地孔。汉族的玉器一般都是圆孔，用来穿绳子。因为蒙古人是少数民族，所以玉器的孔通常都是方孔，中间可以穿皮条。

明代　黑白玉巧雕马上封侯　长 5.5 厘米

这是明代黑白玉雕马上封侯，“马上封侯”是汉族人一种很世俗的祝词，即祝福他人官运亨通。

清代　青白玉巧雕兔衔灵芝镇　长 6.7 厘米

清代乾隆时期流行在玉件上留一些玉皮子，这便是当时的玉兔灵芝巧雕，既可以作为把玩件，也可以摆放在案头欣赏。

3．斋戒牌的功能是什么？

玉牌通常是片状的，这种片状器物在雍正时期开始流行，时至今日，依旧有很多工匠喜欢制作玉牌。有一种著名的玉牌叫“斋戒”，其功能主要是提醒。古时候皇帝与大臣通过斋戒，提醒自己简束身心，控制自己，竭诚致敬，不放纵自己。每年到了斋戒时分，皇帝就会将斋戒牌挂出来。

黄玉斋戒牌　清乾隆　北京瀚海 2014 秋季拍卖会

斋戒牌通常有满汉两种文字，正面是汉字“斋戒”，背面是满文“斋戒”。这是清中期的玉质斋戒牌。

清代　粉彩花卉纹斋戒牌

上页下图是清乾隆时期的瓷制斋戒牌，背面也有满文。

清乾隆　铜胎画珐琅斋戒牌

这是铜胎画珐琅斋戒牌，黄色的是正面，写着汉字“斋戒”，背面是满文“斋戒”。

清代　犀角雕斋戒牌

斋戒牌有多种材质，其禁止的内容也很多，比如不理刑名（在某一时期不审案件），此外还有不宴会，不听音乐，不入内寝，不问疾，不奔丧，不扫墓，不饮酒，不吃荤。特殊的还有不吃韭菜，以免异味影响他人。

自雍正始，皇帝每年都要进行斋戒。雍正十年（1732），雍正认为在皇宫中挂起大斋戒牌的作用不大，于是号召大臣每人佩戴小型斋戒牌，以提醒自己。这种小型斋戒牌通常戴在胸前，既平又薄，佩戴方便。

雍正九年（1731），紫禁城内一座打破明代和清初后宫建筑格局的殿宇开始修建，这就是位于中轴线东侧，东六宫南段用于斋戒的斋宫。通常，斋宫一般都设置在庙堂内。传说因争夺皇位而树敌的雍正不敢在天坛斋宫中一人独宿三天三夜，于是为确保起驾平安，将祭祀天地前的斋戒仪式，改在宫内进行，虔诚斋戒。

清代　白玉大吉葫芦佩
长 7.4 厘米　宽 4.3 厘米　厚 0.6 厘米

古玩门诊

古玩一

清康熙　折枝花卉纹莲子罐

这是一个莲子罐。它原本有一个盖子，现已佚失。其盖子形状略圆，如同小烧饼，较矮无纽。这种盖子在拿起时很不顺手，极容易打碎，因此这种罐子使用时间长了，十之八九没有盖子。

莲子罐的表面画了很多花卉，粗看是连在一起的，细看却是独立的折枝花卉，其中有玉兰花、梅花、栀子花。折枝花卉在清初顺治时期最流行，雍正以后开始流行缠枝花卉。这个罐子上的花卉是折枝花卉，每一枝都是独立的，花卉以外兼有草虫。

此罐画法精致，质地上佳，是明末清初的，介于崇祯末年和顺治时期，距今350多年。这一时期的瓷器打开了康熙瓷器的先河，清初国家比较动荡，但瓷器质量并不差。景德镇距离北京较远，相对闭塞，所以能够按部就班地正常生产，这便是当时的莲子罐。

古玩二

南宋　影青刻花碗

这是一只碗，内部是素的，没有花纹，背面有一朵莲花。这只碗比一般的碗浅，比盘子深，碗口外部大约有一厘米宽无釉，内部有0.5厘米无釉。无釉的碗在使用时很不方便，碗边较涩，口部在接触碗边时会不适，清洗也较为困难。

瓷器上釉是为了方便清洗，保护器皿。碗口无釉是因为宋代非常流行镶口，富裕人家会在碗边沿镶金口、镶银口、镶铜口。这个碗口便是镶银口，由于银不稳定，通常银口会被锈蚀。现在，碗口仍然残留一些银。碗口的涩边便是为了镶金属边，使其不易脱落。若有釉，则容易脱落。

这是南宋常见的影青碗，产于景德镇。北宋时期的碗流行正烧，而此碗是覆烧，便于节省空间，提高效率，也更方便镶口。镶银口的碗通常是宋代的，尤其是南宋时期景德镇的影青瓷碗。

此碗颜色淡雅，如果是湖蓝色会更加美观。碗背面比正面颜色深，这是由于覆烧时，内部受热少于外部，故而内部颜色较浅。

古玩三

这是一个小花瓶，通常陈设在案头，作为插花装饰品，营造一种优雅闲适的意境。古人的生活中，外来干扰较少，在室内安静地读书时，这种摆件可以令人内心愉悦。它与大花瓶不同，通常不会被摆放在客厅。

清康熙　青花博古图小花瓶

这件小花瓶做工十分精致，年份是康熙时期，其釉面亮度、颜色、画片都体现了这一时期的特征。画片是博古插花图案，也呈现了康熙时期的画风。花瓶的边饰较为特别，比普通边饰更宽，十分醒目美观。这是一种别致的审美，犹如帘幔般富于层次感。

盘囊锦带钩霓裳

带钩又称“犀比”，盛行于秦汉时期。古人将其置于腰间，钩住衣带两端，起束衣之用，后经历史演变，又出现了带扣。作为基本衣饰，它们的作用与我们今天的皮带扣相同，成为生活必需品。在历史长河中，带钩和带扣也有很多传奇故事。

古代的配饰除了美观，还有实用价值。带钩是中国特有的一种古老配饰，形制很多，有细的，也有宽的，还有“琵琶钩”，造型非常丰满，形如琵琶。带钩的功能：其一，钩住服饰，用于固定；其二，根据带钩的精美程度不同，可以判断使用者的社会地位，如同今天名人会佩戴名牌手表。

战国　错金嵌绿松石铜带钩
长 18.3 厘米　湖南省博物馆藏

战国　兽形金带钩
长 12 厘米　南京博物院藏

战国　铜错金银螭虺纹带钩
观复博物馆藏

这是一个战国时期的错金银嵌松石带钩。美中不足的是，其头部有损伤，略微被压扁了，但整体状况良好。它在古时被人们佩戴于腰上，钩住衣物时非常醒目。战国时期距今已近2500年，可见此带钩历史悠久。这件带钩运用了错金银、镶嵌松石等工艺，反映了当时的工艺水平和生活状态，也反映了古人追求精致生活的理念。

这个带钩在战国时期至少是公子级别人物的饰品，其佩戴者的社会地位很高，才能有如此奢华的饰物。在古代，人们聚众而坐时，每个人佩戴着不同的带钩，确实是一种艺术欣赏。

今人对黄金的感受没有古人强烈。古时候，人们身上的黄金装饰，是一种财富的彰显。这件黄金带钩如经擦拭，一定会耀眼夺目，但为了保持其历史状态，只能保持现状。带钩上有序的纹饰，错金银的镶嵌，都是十分复杂的工艺。即使在今天，想要复制出来也要费上一番工夫。

从带钩到带扣的演变，体现了从装饰功能到世俗实用功能的转变，这也是中国古代社会艺术品演变的历程。

宋代以后，艺术品越来越世俗化。此带扣上的图案（太师少师、双师、狮子绣球）都是民间的通俗纹饰。卧马便有世俗含义：一方面，马代表马上、立即，强调行动迅速；另一方面，卧马也代表安逸的生活，是放马南山的闲适状态。

古代的带扣离今天的生活很遥远，但人们依然可以从博物馆看到它们。带扣文化与人们息息相关，今天的皮带扣就体现着文化的延续。即使是偏远的乡村地区，人们腰间系着草绳，也有“穿上千层万层，不如腰间一横”的农谚。腰间的草绳具有很实用的价值，系上可以保暖。这两个带扣，帮助人们了解了古代服饰与配饰的演变，也体现了古代文化对今天社会的影响。

1. 带钩的初始功能是什么？

最初的带钩是用来束衣的，古代服装都是宽袍大袖，束衣后显得更加庄重，因此要使用带钩。带钩显示身份地位的功能是后期演化出来的，其最初状态就是随意地用钩子将衣服系住。此后带钩慢慢成型，出现了各种精美的形态。

战国　青玉龙首方足带钩

这是战国时期的带钩，其中龙头是钩，后方是扣，用来扣在一条腰带上，可能是皮带，也可能是丝带，可以将衣服束紧。

魏晋　玉兽首带钩

魏晋时期的带钩更加精致。

宋代　玉螭纹鸟首带钩
长 6.8 厘米　故宫博物院藏

这是宋代的带钩，带钩头尾各有一兽，尾部的螭虎与龙头相呼应。

元代　玉鸭首带钩

这件带钩是元代的。带钩不仅有龙头、凤头的，还有其他各种动物形态，如鸭嘴形、螳螂形的。

明代　白玉龙首带钩

这是明代最常见的带钩，白玉上雕刻着一条大龙带着小龙，寓意“教子升天”。

下页图是金属带钩，表面包金，中间镶嵌着琉璃璧环，工艺非常复杂。

这是战国时期的纯金带钩，当时佩戴者的身份地位较高。

带钩从束衣开始，逐渐演化得更为美观，它在服饰中处于显著地位，其美观关系到主人的审美与身份地位。《淮南子 · 说林训》中记载：“满堂之坐，视钩各异，于环带一也。”满堂各色人等聚在一起，人们互相观看彼此的带钩，由此对他人进行判断。

战国　金带钩
长 10 厘米　1978 年夏，湖北省随县擂鼓墩战国曾侯乙墓出土　湖北省博物馆藏

历史上有一个关于带钩的著名典故。齐襄王时期齐国大乱，管仲带着公子纠逃到鲁国，鲍叔牙与公子小白逃到莒国。此后齐襄王与公孙无知先后被杀，齐国王位空悬，国内贵族告知二位公子回国继位。管仲在公子小白的归途中设伏，一箭射到小白的带钩上。

小白中箭后假装倒地身亡，此后星夜兼程返回齐国，公子纠慢了一步，最终小白成为国君，这就是齐桓公。齐桓公对鲁国人施压，于是后者杀掉公子纠。齐桓公要任鲍叔牙为太宰，鲍叔牙认为，如果齐桓公想平定齐国，有自己辅佐即可，如果齐桓公希望争霸天下，就必须起用管仲，于是管仲被押解回齐国。齐桓公拜管仲为太宰，管仲辅助齐桓公制定各种国策，帮助齐桓公成为春秋第一位霸主。

2.“吴钩”跟“带钩”有没有关系？

李白·《侠客行》：“赵客缦胡缨，吴钩霜雪明。”
杜甫·《后出塞五首》（其一）：“少年别有赠，含笑看吴钩。”
李贺·《南园十三首》（其五）：“男儿何不带吴钩，收取关山五十州。”

吴钩与带钩没有任何关系。吴钩是一种兵器，在中国古代兵器中有至高无上的地位，它是吴地生产的一种弯刀。因此，人们推断吴钩的形状是弯的，在很多唐诗中都出现过“吴钩”。

《吴越春秋·阖闾内传》中记载：“阖闾既宝莫耶，复命于国中作金钩。令曰：‘能为善钩者，赏之百金’，吴作钩者甚众。”“莫耶”是宝剑名。迄今为止，尚没有出土文物来证明吴钩的形态。

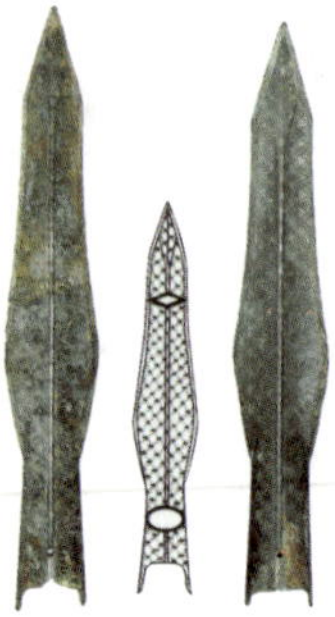

春秋　菱形暗花纹矛
春秋 戟

现代出土的古代兵器有很多，有菱形的暗花纹矛（矛就是枪刺），表面有菱形的暗花纹，把手是木柄。春秋战国时期还有戟，戟既可以刺，也可以钩。

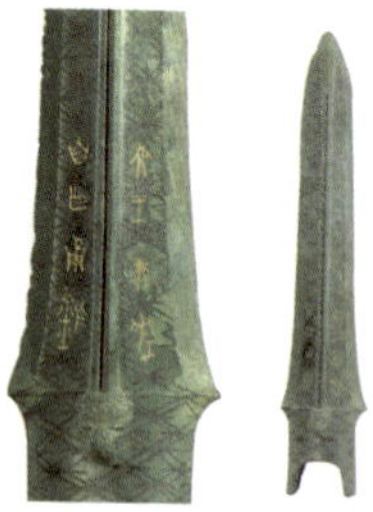

春秋晚期　吴王夫差矛

这是春秋晚期的吴王夫差矛，与越王勾践剑齐名。

3. 带钩与带扣有什么不同?

带钩在发展过程中有很多变化，使其更加便于使用。带钩与带扣的不同在于，带钩的功能是“钩”，带扣的功能是“扣”。

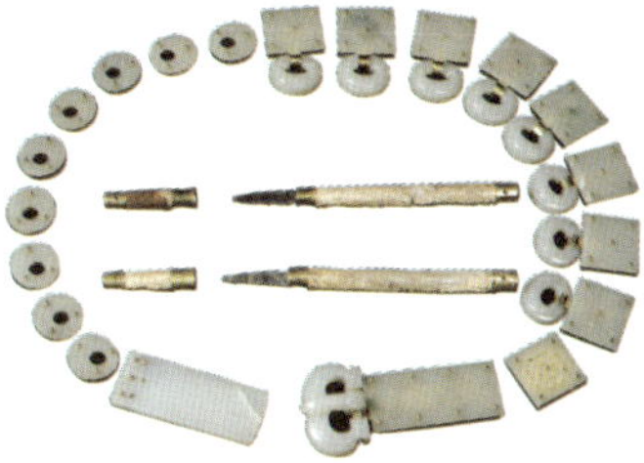

北周　九环蹀躞玉带
复原长 150 厘米　陕西省考古研究所藏

这是北周时期的九环蹀躞玉带，前端的带扣与皮带扣十分相似，带活环的部位是蹀躞扣，也就是提携，可以携带各种物品。

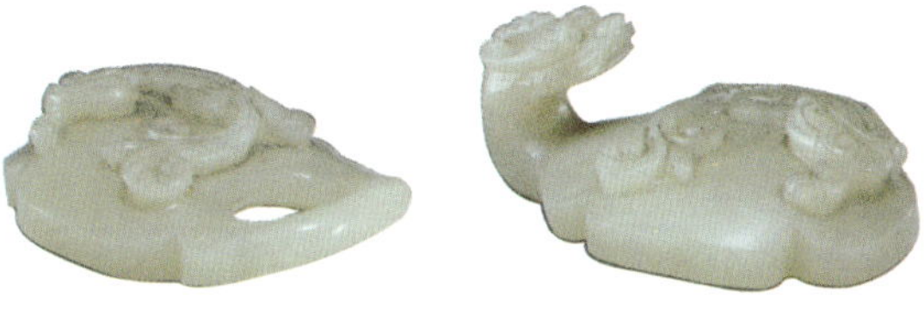

明代　青玉带扣

这是明代的带扣，可以相互扣住。

清代　碧玉螭纹带扣

这个带扣可以扣死，钩在同一侧，能直接将服装钩住。

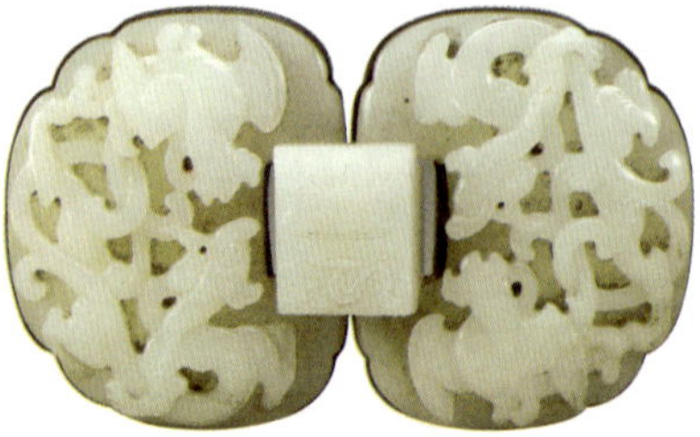

清代　龙凤纹带扣

这是白玉双凤带扣，背后有两个圆纽。

清代　白玉螭纹带扣

这是两块玉做成的带扣，一个是正面，一个是背面，其背后有个扣，前面有个倒钩。

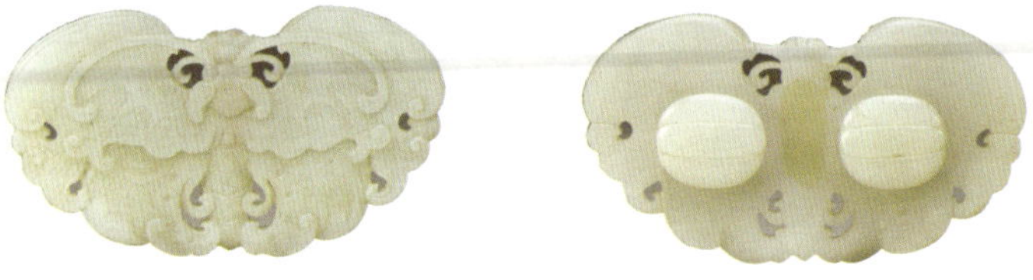

清代　白玉蝶形带扣

这是蝴蝶带扣，背面有两个扣，与今天的皮带扣十分相似，一直沿用下来。

古玩门诊

古玩一

唐代　风字砚

这是一方小砚台，尺寸较小，与今天常见的砚台略微不同。这种砚台名为“风字砚”，又名“箕形砚”，与簸箕形状近似，流行于唐宋时期。唐代箕形砚大多是石质的，也有灰陶质的。当时，石砚台通常产于福建地区，今天出土了很多福建的石砚台。山东也出产石砚台，因为山东山地多，盛产石料。

这方石砚台的石质较为细腻，在研墨时易于发墨，但其形制与常见研墨的砚台不同。明清时期的大砚台，通常都在中间研墨，有砚堂和砚池，墨能够流到砚池中储存起来。这方砚台的表面是倾斜的，不排除另有研墨的工具，然后将墨汁倒在凹陷处，其表面可供研墨的部位较小。

从尺寸上看，这方砚台是用来写小楷的，其存墨处无法存储写大楷字的墨汁。这方砚台的年份是唐代，是当时典型的石质风字砚。这种砚台通常尺寸较大，而它是一方比较少见的小砚台。

古玩二

这是一只青釉粉彩碗。通常粉彩都以白釉为底色，而它的底色是浅青色。画片上画了一只公雉鸡，俗称“野鸡”，此外，还有大朵的牡丹。这种图案有一个固定名称，叫“雉鸡牡丹”。雉鸡非常漂亮，色彩斑斓，华美夺目，于是古人便将之与牡丹放在一起，再加上一枝玉兰花，形成“玉堂富贵”。这是一个标准画片，在康、雍、乾三朝非常流行，康熙时期也有青花的“玉堂富贵”。

清乾隆　粉彩雉鸡牡丹纹碗

这只粉彩碗的底款儿是“大清乾隆年制”，是典型的草记款儿，写得相对规矩。碗边带有一点酱釉，是典型的乾隆时期民窑。它在民窑中属于质量较好的，反映了使用者家庭的基本状况。

古玩三

清晚期　青花人物故事纹盘

这是一块青花瓷盘，盘心图案颇有寓意。中国古代的很多图案都有世俗文化意味，比如画五个蝙蝠代表“五福”，画两个牡丹代表“富贵”。这块盘子上画了一个做官的醉酒老者，由几个小孩搀扶着行走。盘子的边饰带有外销瓷的风格，主体图案是中国传统风格。

画片中的老者微醺，两个小孩提着灯笼，灯笼穗随风飘舞，因为行走时有风。这种灯叫“风灯”，寓意“五谷丰登”。老人喝醉了，是因度过了漫长的冬天，到了春天举行春社时聚众饮酒，心情愉悦便醉了。古诗云：“桑柘影斜春社散，家家扶得醉人归”，便是形容这种情境。画面上风灯的另一重含义是升官发财。这块盘子的年份是晚清时期的，距今100多年。

古玩四

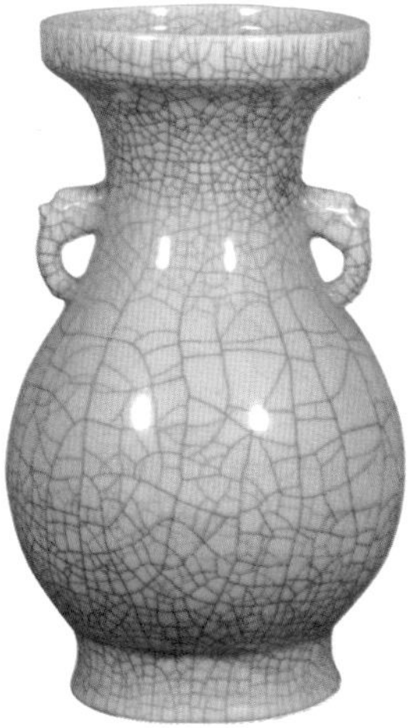

清乾隆　哥釉大瓶

这是一个哥窑大瓶，属于“线上品”。

中华人民共和国成立后，政府对文物进行管制，禁止私人买卖，由国家统购统销，买卖文物是违法行为。国家由此画了一条线，便是1795年（乾隆六十年），这条线至今未变。1795年之前的文物，便称为“线上品”。

这个大瓶是雍正年间的，距今280多年了。过去有种说法叫“真赛假”，说明古玩保存得十分完美，干净又完整，如同仿制品，这件漂亮的大瓶便是“真赛假”。

哥窑中有一种工艺叫“金丝铁线”。这件大瓶既仿官窑，又仿哥窑。哥窑都有开片，俗称“碎瓷”，黑色的线为“铁线”，细小的黄线为“金丝”。这种“金丝铁线”是在烧造时炸裂出的纹理。工匠将冷却后的瓷器放入炭水中，便会出现铁线。铁线在放置中会继续炸裂蔓延，形成细小的裂纹，但裂纹比较浅，不会再度染色，便慢慢演化成黄色，产生金丝。

这个大瓶颈部和下腹部的开片较为细碎，上腹部的开片较大，也与其膨胀系数有关。在古代，受工艺技术的限制，开片很难均匀。它保存得如此完整，实属难得。

这种大瓶在雍正、乾隆年间备受推崇，是当时的典型器物，通常被人们作为陈设品摆放在家中。

金鱼玉带罗襕扣

古代佩饰不仅作为装饰，也是地位和权力的象征。所有的佩饰都有一定的含义，在古代，官员们“头戴乌纱，身着蟒袍，腰横玉带，脚蹬朝靴”，其中“腰横玉带”指的就是腰饰。

明代　王鏊像

玉制、丝制、金属制、皮革制，古代腰饰种类繁多，远远超过现代，其背后所代表的森严等级也颇有讲究。代表身份与官阶的腰饰，并非出自汉文化，最初为游牧民族所特有。这些腰间配饰有着不同凡响的魅力，在朝代更迭之间，始终占据重要的政治地位。

清代　金钱锦地纹木鞘玉柄小腰刀

辽代　玉柄银錾花鎏金花卉纹鞘小腰刀
观复博物馆藏

这是两把小腰刀，分别是清代和辽代的。辽代的小刀长年锈蚀，刀刃锈在鞘中，已经无法拔出了。

辽代小刀刀柄上玉器的镂空之处，可以看到锈蚀的铜柄。这种小刀在古代可以悬挂在腰间，随时拔出来使用，切肉或其他东西。从玉柄上判断，它是贵族使用的刀具。

今天汉族人用餐，一副筷子足矣。会用筷子是汉族人的必备技能，游牧民族却要用刀切割食物。这两把小刀反映了游牧民族的基本生存状况。本篇中所讲的蹀躞带、玉带和提携上，也有悬挂这种小刀的环。

下页图是一个明代的香盒，其中一侧通常拴在提携上，可以任意转动方向，避免链子打结。香盒是纯金的，表面进行了垒丝镂空工艺，金丝极细，细如毛发。香盒的内部可以放置香料，关上香盒后还有锁来固定。

香盒的链子是铜质的，已经锈蚀了，它原本是十分光滑漂亮的。这是明代贵族随身佩戴之物，在当时是奢侈品。

这个香盒只有手表大小，其纹饰之细令人惊叹，作为锁的金丝细如缝衣针。今天，人们以简单为原则，很难再现这种精致到令人叹为观止的美感。这是一种文化积累，体现了当时大一统民族国家的富裕生活。

明代　白玉金垒丝香盒
观复博物馆藏

1. 唐代的蹀躞带一般佩戴几个物件？

腰饰中最常见的是玉带。有一类玉带极为特殊，叫“蹀躞带”。蹀躞带是玉带的前身，与玉带略有不同。蹀躞带上可以悬挂各种物品，唐代的蹀躞带一般可悬挂 7 个物件。

“蹀躞”本意是小步行走，身上佩戴的物品较多会妨碍行走，不适合大步流星，因此称为“蹀躞带”。历史上对蹀躞带上所佩戴的物品是有规定的。《旧唐书·舆服志》中记载：“景云中又制……武官五品以上佩蹀躞七事，七谓佩刀、刀子、砺石、契苾真、哕（yuě）厥、针筒、火石袋等也。至开元初复罢之。”

敦煌壁画　具蹀躞七事西夏进香贵族

上页图是敦煌壁画《蹀躞七事图》，贵族的蹀躞带上缀有很多物件。蹀躞带最初由游牧民族传入汉地，唐代以后，汉人的蹀躞带逐渐简化。“蹀躞七事”包括七样物品。前两样是“佩刀”和“刀子”。“佩刀”便是长刀，“刀子”是小刀，通常用来剔肉，小刀的刀柄与刀刃长度相同，“佩刀”的刀刃更长。第三样是“砺石”，用来磨刀。第四样、第五样是“契苾真”与“哕厥”，这两种物品目前没有定论，是音译的，属于游牧民族专属的物品。

佩蹀躞带胡服女石刻线画（西安韦顼墓出土）

春秋　玉凤鸟形觿　观复博物馆藏

蹀躞上有时也佩戴“觿”，它一头带尖，用来解扣，游牧民族通常使用动物角或牙来制作。此外，还有抹布，通常是一块皮子，用于擦拭各种物品。游牧民族一般离水很远，很多器物需要直接擦拭，比如刀与碗。也有的人在蹀躞带上悬挂针筒或算囊，内部放置一些随身杂物，比如针、算筹、火镰等。这就是蹀躞带的基本功能，一个腰带便能解决外出时的所有问题。

2. 明代玉带板上的玉片主要展现在身前还是身后？

玉带板的制式到明代以后开始固定，通常有 20 块，玉带板中最核心的是其中的方銙，通常置于身后。

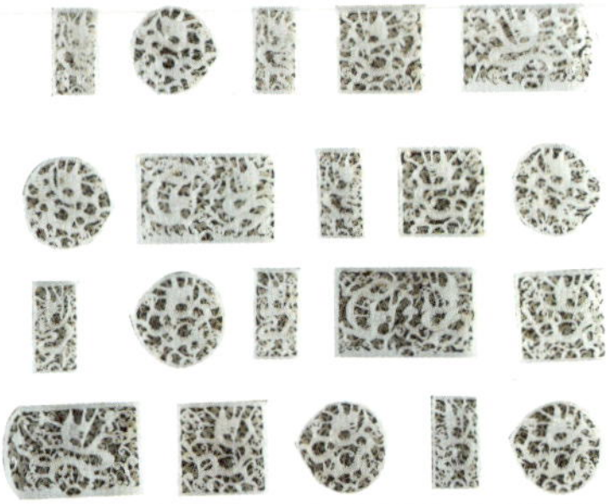

明代　白玉龙纹带板一套

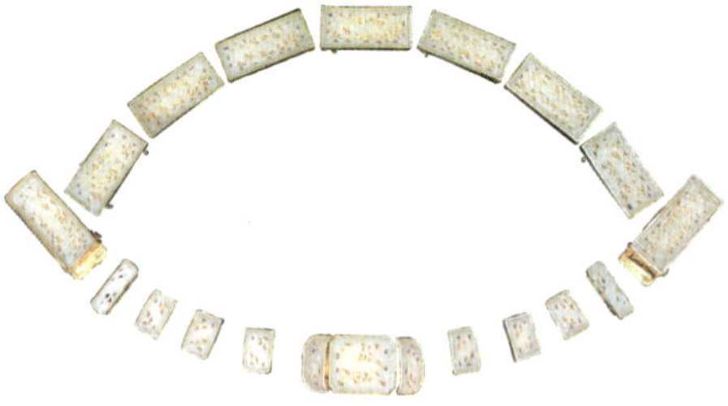

明代　金镶白玉带板
铊尾长 7.6 厘米　山东省博物馆藏

玉带板由四部分组成。第一部分是作为衬底的带子，专业术语称“鞓”，通常是皮质或丝质的。第二部分是“銙”，也就是方銙或桃形的玉片。在玉带板的结尾处，通常有一块形状特殊的玉片，玉片的一段是平头的，另一端是圆弧状的，称为“铊尾”，这是第三部分。第四部分是“扣”，可将玉带板扣住。

玉带板由“鞓”“銙”“铊尾”“扣”组成，早期玉带板上“銙”的数量并不统一，但在明代中叶以后，数量固定为 20 块，成为标准。方銙安置在身后，扣与桃形的銙通常在身前。

古代等级制度森严，带板也从装饰性朝着制度化的方向演变。隋唐时期，明确玉带为官服专用，朝廷推行“大带制度”，只许正一品官员使用玉带，六品及以上用犀，六品以下用银，带銙的数量为 16 至 25 块。

明朝玉带制度极为严格，对不同级别官员使用玉带的质地、形状、数量、纹饰都有明文规定。大臣所用的玉带，总共 20 銙，皇帝的玉带为 24 銙。直至清代，官方玉带使用制度被废除，玉带成为一种纯粹的装饰品，盛行于民间，从此退出政治舞台。

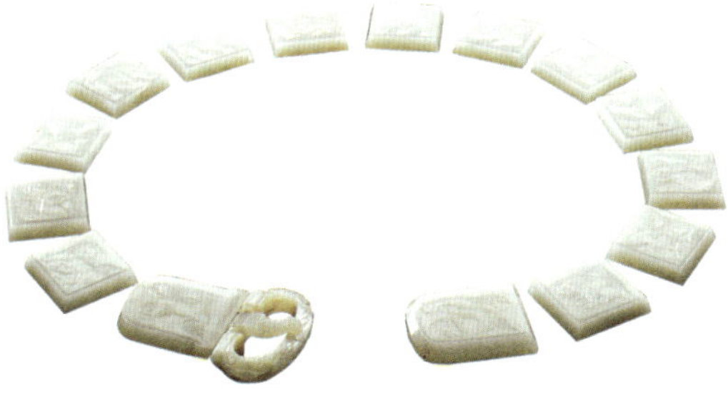

唐代 （双鉈尾）狮纹白玉带板
陕西历史博物馆藏

这是唐代的玉带板，玉带板的长銙在背后，是双铊尾的，通常在两侧下垂。唐代以前也有单铊尾的，可以别在腰后，铊尾完全下垂的造型正如水獭的尾巴。

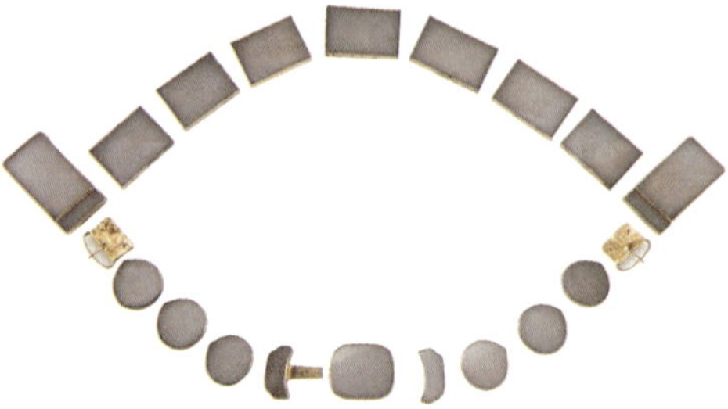

明代　金镶青白玉革带（正面）
梁庄王墓

这是明代的金镶玉青白玉带板，在其背面可以看到铊尾处有镶金，做工精湛。

3.“提携”是今天的什么东西？

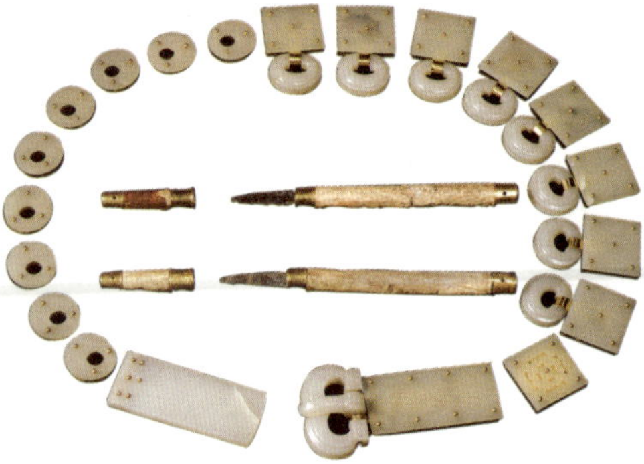

北周　九环蹀躞玉带
复原长 150 厘米　陕西省考古研究所藏

古代的腰带中，有一种物品叫“提携”，相当于今天的钥匙扣。北周的蹀躞玉带上有 9 个环，都用于挂随身物品，这是最早期的玉带。

这就是“提携”，其背后镂空之处，可从侧面穿入皮带，下方的环来自蹀躞带的形制，也用于挂东西。

元代　青玉透雕联珠龙纹带扣　长 9 厘米
观复博物馆藏

“提携”一词在今天相当于“提拔”。它在古诗中经常出现，如唐代诗人李贺的《雁门太守行》中就有“报君黄金台上意，提携玉龙为君死”。其中的“提携玉龙”指的是提着玉龙刀，士为知己者死。

欧阳修的《醉翁亭记》中有“前者呼，后者应。伛偻提携，来往不绝者，滁人游也”。“伛偻”指老年人弯着腰走路，“提携”指小孩由大人领着走，这里指代老老少少的行人。

古玩门诊

古玩一

辽金时期　酱釉鸡腿瓶

这是一个鸡腿瓶，分量很重，造型独特。这种瓶子通常下细上粗，但这个瓶子上下粗细几乎相同。瓶体表面有两块瑕疵，是烧制时造成的。通常这种瓶子都是批量烧造的，相互之间会有粘连，这种现象很常见。

瓶子表面刻了一个“十”字，十分明显，可能有几种含义。其一，它可能是工匠的名字，烧制时每个工匠有固定产量，做上记号以便记录。其二，它也可能是定烧人要求画的符号，以便在使用中进行分类，比如装不同类型的酒。

这种造型的鸡腿瓶在辽代十分流行。鸡腿瓶表面通常有很多棱，一般插在马背或马车上的某个位置。游牧民族通常很少使用瓷器，因为瓷器容易被打碎，但瓷器比较普遍，易于生产，价格也更便宜。

这个鸡腿瓶比一般的鸡腿瓶更加敦实，可能是游牧民族定居下来后使用的物品。虽然他们定居了，但这种瘦高型的瓶子很有怀旧感，因此依旧流行，只不过将底足做得更大，以便稳定地放于地面。如果底部太小，很容易倾倒损毁。

鸡腿瓶通常都呈鸡腿状，而这是一个变体鸡腿瓶，十分少见。这个鸡腿瓶富于体量感，给人古朴之感。它虽然很粗糙，但内涵丰富，值得慢慢欣赏玩味。它的年份大致在辽金时期。

古玩二

清代　石雕香炉

这是一尊石香炉，很有分量感。它的外观很古朴，但从纹饰判断，其年份较近。

香炉的一面没有雕工，其余三面都进行了雕刻。香炉正面的图案中，有两条鱼和一朵莲花。这种对称的画法是一种成熟的美学追求，也是中国古典美学的基本原则之一。其一侧雕着两只在树下嬉戏的猴子。猴子的表现方式也是清代风格的，清代有很多有“马上封侯”的物品，都与猴子有关。香炉另一侧雕刻着狮子，其风格也相对较晚。

这尊香炉是清代的，距今约有200年。这种香炉在古代通常被放置在路边，风吹日晒，磕磕碰碰，严重风化，留下了岁月的痕迹。

古玩三

这是一个香道工具，较为少见，可以将香灰抚平。有一种香，在使用过程中，可埋在香灰之下继续燃烧，形成一种缓慢的焚香状态。今天通常将香插在香炉中点燃，之后就会散发香味。

古代的香品种繁多，比如印香，用印模将香粉填入，抹平后将印模拿开，形成一个“寿”字，点燃后会顺着字形缓慢燃烧。

撩钗盘首冠玉簪

提到配饰，人们会联想到头饰，头饰赋予人们不一样的魅力。女性都喜欢头饰。在古代配饰中，头饰占据重要地位。古代的男性也留长发，因此也有专门的头饰。头饰的起源可追溯到石器时代。在历史长河中，头饰演变出多种形制和功能，以适应不同场合的需要。

很多古代配饰至今已不再使用，但有些依然戴在人们头上。时至今日，头饰仍是女子最常见的饰品之一，比如发簪。今天，发簪又出现了很多新的款式形制。古代头饰有深厚的文化背景，对中国文化也产生了重大深远的影响。

明代　金垒丝镶红蓝宝石蝴蝶形钗
观复博物馆藏

这是一支明代蝴蝶形金钗，轻轻一碰，蝴蝶的触角便会颤动，连身体也会轻微颤动。这种颤动十分引人注目。生活中，人们对轻微晃动的物体都极感兴趣，这是人的一种本能。步摇也是一种有颤动功能的头饰，带有垂穗，其摆动幅度更大。

这是一种钗。古代头饰中单根为簪，双根为钗。这是古代的装饰性头钗，镶有红蓝宝石，带有步摇性质，触角顶端有两颗珍珠。这支明代蝴蝶钗是贵族妇女或宫廷中妃子的头饰，在古代头饰中等级很高，在故宫博物院的珍宝馆中可以看到类似的饰品。

这支蝴蝶钗的工艺极其精细，十分费工夫，制作时需要极大的耐心，现代工艺很少能达到这种精致程度。这些宝石大多是明代永乐时期从外国购入的。

明代　垒丝镶红宝石福禄寿纹金步摇

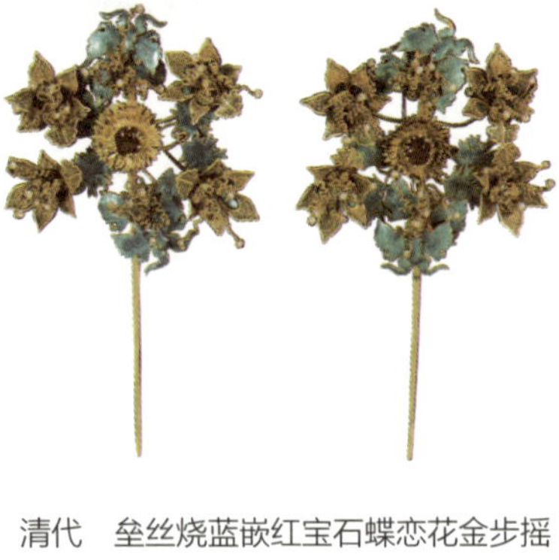

清代　垒丝烧蓝嵌红宝石蝶恋花金步摇

明代　金镶宝石帽顶

明代　金垒丝镶宝石青玉镂空双鸾鸟牡丹簪
湖北省梁庄王墓出土

明代　云形金镶宝石饰
湖北省梁庄王墓出土

明代　垒丝金冠
观复博物馆藏

这是一顶明代金冠，是古代男性成人礼后所使用的发饰。这顶金冠是用金线编织的，中间隆起的部位叫“梁”。古时候，成年男子会将头发盘起来。在中国古人的观念中，束发非常重要，是一种礼仪，表示对社会的尊重，从而使社会尊重个人。

古人云：“身体发肤受之父母，不敢毁伤，孝之始也。”在中国人的传统观念中，头发不能轻易毁伤。清朝定鼎中原后，也曾下令让所有汉族人剃发，遭到汉族人的强烈反抗，“头可断，血可流，头发不能剃”，这是一种非常强烈的民族信念。

今天，男性通常留短发，这是世界文明趋同的标志，人们在形象上达成了共识。这一共识提示人们，在大同社会中，人们要广泛关注自身与历史，关注世界。

1. 古代男子多大会举办成人礼?

今天成年人的依据的是法律规定，人到 18 岁就有了完全民事行为能力，应对所做的一切负责。在古代，成年时要举办成人礼。关于古人的成人礼，《礼记·曲礼上》记载："二十曰弱，冠。"《礼记·内则》记载："女子十五年而笄。"

古代的标准比今天略高，男子与女子之间有区别，男子 20 岁弱冠是成年，女子 15 岁及笄是成年。成人礼各有仪式，男子戴冠，女子盘发，表明已经成年了。

男女之间的区别在于三个性征。第一性征是生理上的生殖性征，最容易区分。第二性征是副性征，是在成长期间逐渐显现的性别特征。男子会长胡须和喉结，女子的胸部逐渐隆起。第三性征是"社会性征"，这是社会学赋予男女的性征特点，比如女子穿裙子，留长发，而男子是短发（现今也有男子留长发，容易混淆性别）。服装上，男女也经常互通有无，男子穿女性化的服装，女子穿得很男性化。

男女在发饰上也有区别。这是夏家店文化出土的玉簪，至少有四五千年的历史了。在中国古文化中，簪子是重要的盘发工具。今天，在做适合隆重场合的发饰时，簪子依旧被用来固定头发。

这是商代的金笄，笄是簪的一种，都是从头发中插过去，用于固定头发。“及笄之年”是指到了将头发盘起、可以在头发上插簪子的年纪。

夏家店下层文化　玉簪
长 15 厘米
中国社会科学院考古研究所藏

商代　金笄
长 2.7 厘米　北京文物研究所藏

宋代　白玉雕凤鸟纹双股钗
观复博物馆藏

明代　白玉雕凤鸟纹发簪
观复博物馆藏

左图是一支宋代白玉钗。右图是一支明代发簪，前端是一个凤头，非常漂亮。

清代　金镶珠翠宝簪
长 15 厘米　故宫博物院藏

清代　银镀金嵌珠宝蝴蝶簪
长 18 厘米　宽 4.5 厘米　故宫博物院藏

左图是清代宫廷中的簪子，镶嵌着翡翠和珍珠，它插在头上如同步摇，晃动时十分漂亮。右图是一支蝴蝶簪。

2. 梳和篦的区别在哪里？

梳子历史悠久，今天仍是日常梳头的工具，同样用来梳头的还有篦子。古人认为，梳和篦属于同类，皆可称为“栉”，古语中有“栉风沐雨”。最早的“栉”齿是疏的，称为“梳”。“篦”的齿很密，原写作“比”，有紧邻之意，如“比肩”“比邻”。因此，“梳”的齿疏，“篦”的齿密。

下页两图是战国出土的木篦与木梳，一个齿疏，一个齿密。梳子的功能是梳头，篦子的功能是去除头上的脏东西。古代生活环境不佳，沐浴、洗发都不方便，因此用篦子篦头发，去掉虱子和头皮屑，可以起到清洁止痒的作用。

战国　木篦
长 8.8 厘米　宽 6.6 厘米　齿长 4.8 厘米　1958 年，湖南长沙烈士公园三号墓出土
湖南省博物馆藏

战国　木梳
长 8.9 厘米　宽 5.5 厘米　1971 年，湖南长沙浏城桥一号墓出土
湖南省博物馆藏

3.“扁方”是什么时期妇女特有的头饰？

古代有一种极为特殊的头饰叫“扁方”，它是长方形的，在梳头时使用，在清代最为流行。

这是清代宫廷的扁方，女性将它置于头顶，用头发缠绕起来，露出扁方的两端。

清代　白玉嵌珠翠扁方
长 31.5 厘米
故宫博物院藏

清代　翡翠镶碧玺花扁方
长 30 厘米　宽 3.5 厘米
故宫博物院藏

右图是宫廷中的翡翠扁方，两侧镶嵌了碧玺。

清代　玳瑁镶珠石翠花扁方（一对）
长 33 厘米　故宫博物院藏

这是故宫中的玳瑁扁方，镶嵌了珠宝。

清代梳两把头的妇女
《中华五千年文物集刊》（服饰篇下，第 327 页）

这是清代宫廷中梳两把头的妇女。“两把头”是满族妇女的特殊头饰，在两把头的背向可以露出扁方。最初梳两把头时，直接将长发包在扁方上，露出扁方的两端。清代后期开始简化，先准备好一块黑缎子，做成扁方假发戴在头上，便成为清朝极为特殊的一种发饰。

孝贞显皇后（慈安皇太后，钮祜禄氏）常服像

带扁方的两把头是清代独有的，这是孝贞显皇后常服像，也是日常服饰，她的两把头略向下垂。两把头能将头发全部盘起来，露出美丽的脸部。

古玩门诊

古玩一

日本　钵式炉

这是一个钵式炉，其顶部有盖，用于焚香，香气会从镂花的盖子处飘出来，向四周飘散。它的铜质与中国普通铜香炉的铜质不同，其颜色偏红黄色。

这个香炉是日本的，采用的铜料也是日本的。只有日本出产红黄色的铜料，中国的铜泛青。从造型上看，这个香炉仿照了中国唐代的风格，距今有两三百年。它是一个香薰炉，用来熏香，其底座是后期配置的。

在中国周边国家中，日本文化与中国文化最接近，很多器物容易混淆，远观相似，近看有所差别，相似度极高。这也是中华文化输出的证明，反映了日本向中华文化学习的过程。

古玩二

这是一部《康熙字典》。通常，人们在翻阅名贵的古籍时，应戴上手套，以防汗渍弄脏古籍。《康熙字典》是康熙后期编纂的大型辞书，之后300多年，没有任何辞书可以超越它，现代辞书都以这部字典为基础。

《康熙字典》收录了47 035个汉字。这部字典距今约有100年。《康熙字典》的版别很多，最好的版本是珍藏在故宫中的武英殿本。

这部《康熙字典》从印刷技术上判断是晚清的版本，因为早期版本是木刻的，而这一版是影印的。晚清时期比较流行的石印本、珂罗版（玻璃版），都属于影印版。这部字典是齐全的，一整套包括6函套，共40册，它使用部首查字法，与今天常用的查字法不同。

《康熙字典》是第一部以“字典”命名的汉字辞书。该书的编撰工作始于康熙四十九年（1710），张玉书、陈廷敬奉康熙皇帝圣旨，任字典的总编撰官。张玉书参与编撰工作后不久便因病去世，年逾七十的陈廷敬接手了全部工作，与30多位清代著名学者，呕心沥血，历时六年完成编撰。流传于世的《康熙字典》，不仅具有极高的文字研究价值，更是编撰者们为后人留下的一个汉字文化宝库。

穿耳施珠明月珰

自古以来，人们从未改变对美的追求，都喜欢用首饰来凸显自己的美丽。当今社会，耳饰是人们最熟悉的饰品之一，很多女性一生都会佩戴耳环。历史上，耳饰曾经是贵族的专用饰物。

《陌上桑》中，男人为之倾倒的罗敷有“耳中明月珠”。《孔雀东南飞》中，刘兰芝是“耳著明月珰”。或许耳饰天生与美就有着不解之缘，然而，它的最初功能却并非如此。作为融入华夏文化最晚的外来之物，古代耳饰最初的意义，是为了警示女子生活检点，行动谨慎。之后，在封建礼教的发展与朝代更迭中，才最终演化为女子日常配饰，穿耳戴环便由此而来。

明代　葫芦形金耳环（一对）
观复博物馆藏

清代　龙首金耳环（一对）观复博物馆藏

上页图是两对耳饰，其中葫芦形的耳环是明代的，龙首耳环是清代的，都是纯金材质的。明代的耳饰形制略大，也更沉重。葫芦形是元代到明代比较流行的耳饰风格，比后期的圈形耳饰更夸张。今天人们只在隆重的社交场所佩戴较为夸张的耳饰，在生活中较为低调，以简洁醒目为美，比如戴微小闪耀的耳钉。

这两对耳饰基本反映了明清时期耳饰的风格和变化。这对明代葫芦形耳饰十分有中国特色，让人观之亲切。它虽然沉重，但在古代却能显示佩戴者的财富和地位，属于民间奢侈品。

辽代　摩羯鱼金耳饰　长 6.5 厘米
观复博物馆藏

这是一对辽代摩羯鱼的纯金耳环，距今 1000 多年。辽代契丹族最喜欢摩羯鱼的形象，在瓷器中也有相同的造型，比如辽三彩中就有摩羯鱼的形象。这类形象作为文物非常重要。这对耳环设计巧妙，中间的圆球可以转动，耳环的体量较大，佩戴时十分醒目。

观复学堂

1. 请正确读出下面耳饰的名称：珰、珥、瑱。

这三个字中，“珰”的读音是“dāng”，“珥”的读音是“ěr”，“瑱”的读音是“tiàn”。

珰是一种古老的耳饰，最初并非直接戴在耳朵上，只是悬挂在耳朵两边，由帽子延伸出去，通过丝线悬垂下来。古语有“充耳不闻”，“珰”也叫“充耳”。在古代，“珰”有两个功能，其一可作为装饰品，其二可作为耳塞。

商代　金耳珰
通高 3.4 厘米　重 6.8 克
北京市文物研究所藏

玻璃耳饰　东汉　高 2.4 厘米　直径 0.9~1.2 厘米
故宫博物院藏（此类玻璃耳珰流行于东汉时期，在我国分布较广）

左图是商代的金耳珰，其名称有待考证。右图是一种典型的耳珰，中间有一个孔，可以穿过丝线，坠于耳旁，必要时作为耳塞。在古代，这种玻璃制的耳饰有很多，尤其是汉代，尺寸通常很小，蓝色的尤其多。

2. 耳坠从什么时候开始流行？

唐代 《弈棋仕女图》（局部）
纵 63 厘米
新疆维吾尔自治区博物馆藏

唐代 《簪花仕女图》（局部）
辽宁省博物院藏

宋高宗皇后吴氏像
台北故宫博物院藏

仁孝文皇后像

孝庄睿皇后像

耳坠在晚唐到五代时期开始出现，宋代开始流行。

唐代妇女基本不戴耳饰，她们虽然妆容浓艳、发饰华丽，但耳朵上没有饰物。从宋代开始，女性开始佩戴耳坠。许多宋代皇后的画像中，比如宋高宗皇后就戴着长串耳饰。明代皇后的耳饰虽与宋代不同，但也有许多纯金耳饰，形状多样，最常见的是葫芦形，有些耳饰的耳钩极长。

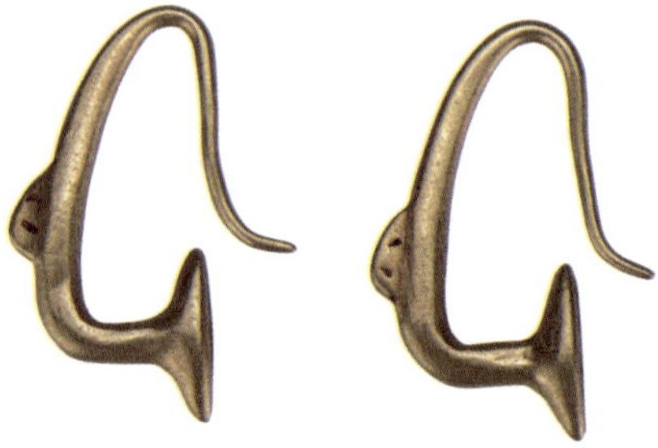

辽代　喇叭花形金耳环（一对）
观复博物馆藏

这是辽代的耳坠，其风格非常独特。

宋代　花朵纹金耳饰（一对）
观复博物馆藏

这是宋代的纯金耳饰，钩子很大。

元代　镶松石三叶形金耳饰（一对）　观复博物馆藏

这是元代的耳饰，带有强烈的异域色彩。

明代　葫芦形金耳环（一对）
观复博物馆藏

这是明代的耳饰，被做成了葫芦形。

明代　金环玉兔耳坠
通长 8 厘米　兔高 2.4 厘米　定陵博物馆藏

上页下图是十三陵中定陵出土的皇后的耳饰，做工极其精致，品级很高。在纯金耳环上有一个玉兔，穿着一枚红宝石，玉兔捣药，寓意长生不老，下面镶嵌着珍珠宝石。

辽、宋、元、明、清，耳饰流行了约1000年。在这段历史中，它持续受到人们的喜爱。时至今日，人们依旧会运用各种工具打出耳眼儿，佩戴各种材质的耳饰。

3. 清代贵族妇女需穿几个耳洞？

每个时代的耳饰都有自己的风格，清代对耳饰有一个极为特殊的规定，即清代贵族妇女需要穿三个耳洞，称为“一耳三钳”。

孝圣宪皇后（乾隆之母）像

这是乾隆母亲的画像，老人一脸贵族之气，戴着朝珠，耳朵上是一耳三钳，因此戴了六个耳坠。

清人画慧贤皇贵妃像屏
纵 53.5 厘米　横 40.4 厘米
故宫博物院藏

和硕特贝勒功格像

左图是乾隆皇贵妃的画像，也是一耳三钳。右图是和硕贝勒画像，男性只有一侧耳朵戴耳饰，一般也是一耳三钳。

男子戴耳环自古便有之。在满族旧俗中，贵族男子有饰耳环之俗，至清入关后废止。但在清中晚期，民间旗人男婴易早夭，仍有扎一耳饰一环者，此乃古风之遗存。

古玩门诊

古玩一

清同治　粉彩人物故事方瓶

这是一个粉彩方瓶。其表面手感不够光滑，略有磕碰。瓷瓶分为四面，每面的画片讲述了不同的故事。画片中共有18个人物，都进行了描金，有的在下棋，有的在弹琴。瓷瓶两侧有铺首耳，形象如同狮子狗，这是清代同治时期铺首耳的特征。这个瓷瓶正是典型的同治年间粉彩，号称“同治彩”，距今有140多年。

古玩二

这是一个葫芦瓶。其造型与常见的葫芦瓶不同。一般葫芦瓶都是仿生的，与葫芦形状相似，通常葫芦瓶都有束腰，俗称“亚腰葫芦”，但这个葫芦瓶的上部瓶颈极长，中间还略微隆起。

这个葫芦瓶的颜色也十分特别，上部是青花，中间有一道青釉，下部是黄釉，并非中国传统的审美式样。传统中国器物通常颜色较为单一，即使加色，至多只是青釉加青花，不会再加上黄釉。

清康熙　外销瓷葫芦瓶

这是一件外销瓷，是古时外国人来到中国后定烧的瓷器，距今有300多年，是康熙年间的，具有“紧皮亮釉”的典型特征。

这个葫芦瓶的形制与色彩是欧洲人提供的，由中国工匠进行加工，带有欧式风格。在国外的博物馆中，比如大英博物馆、维多利亚和阿尔伯特博物馆，还有集美博物馆，都有类似的器物。这是中国早期文化输出，以及中西文化交流的证明。

古玩三

清代　翡翠翎管

这是一个翡翠翎管，流行于清代。翎管有各种材质的，比如白玉翎管。它是官帽上的饰物，通常插入花翎，坠在官帽后，一旦拔去花翎，官员便被罢免。

这个翎管的质地是翡翠，翠色中有绿有黑。翡翠的佳品是莹润翠绿，布满绿色的优质翡翠会令满室生光。这件翡翠翎管的颜色是墨绿，水头不足，它的年份是清代。翎管是官职的象征，今天可以作为收藏品来把玩观赏。

延领秀项饰珠环

前面介绍了带板、带钩、头饰和耳饰，本章介绍项饰。在古代，很多项饰与今天的饰品有较大区别。

辽代　玛瑙扁珠项链
观复博物馆藏

这是一串玛瑙项链。不同于今天常见的玛瑙，它并不透亮，颜色也不够鲜艳，没有经过任何染色加工，所以不如今天的玛瑙漂亮。这是1000多年前的辽代玛瑙，珠子大都是扁的，这种扁珠戴在脖子上相对较为贴身。

对于古代珠饰，人们的审美不能单一局限于现代标准。现代珠饰经过人工处理，形状和颜色都做得很漂亮，但在古代，材料很难得，古人通常不会太挑剔，工具和技术也有局限。在这串项链上，玛瑙珠有方形的，也有半椭圆的，这种不太统一的特质，体现了一种特殊的美感。审美是多层面的，不能仅仅局限于单一的审美标准。欣赏各种各样的美，原本就是一种极大的乐趣。

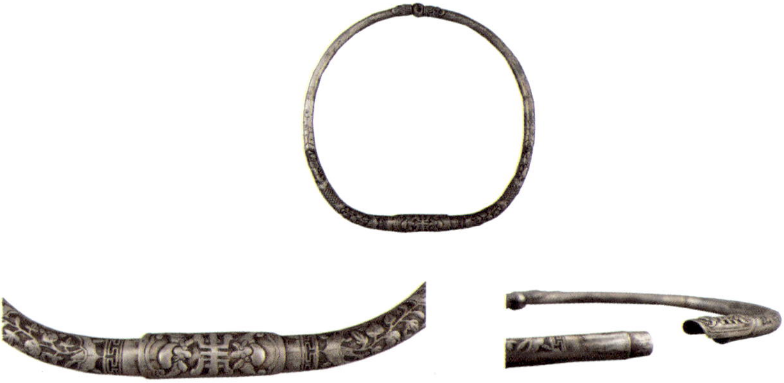

清代　双福捧寿纹银项圈

这是一个项圈。现代的“项圈”通常是给宠物用的。人们不再喜欢这种较硬的饰物，更喜欢佩戴比较贴身的项链。这个项圈可以打开再戴上。这种银项圈在明清时期非常流行，这受到游牧文化影响。

1. 中国出土最早的项饰距今有多少年了？

人类最早的饰物就是项饰，此后才有臂饰、耳饰、发饰和足饰。人类对历史的划分以文字为界，文字出现后的历史都被称为文明史，人类在这一时期创造了高度的文明。文字出现以前的历史则被称为“史前史”。

史前史距今较近的是新石器时代，这一时代的文明代表便是彩陶，有仰韶文化、马家窑文化等。新石器时代之前是旧石器时代，最早的项饰便出现于旧石器时代。

旧石器时代的石器都未经打磨，并不光滑。今天出土的最早的项饰来自旧石器时代北京周口店猿人遗址。经测定，这一遗址距今约有两万年。在旧石器时代最早的骨饰上，有很多种材质的珠子，比如贝壳、兽牙、骨头、石头等。这种骨饰提供了一个明确的信息，人类于此时开始打孔做装饰。打孔在当时是一种先进的技术。旧石器时代出现的骨针，意味着人们已经可以缝制简单的兽皮衣物。

2. 佛教七宝指什么？

佛教有“佛八宝”“ 佛七宝”之说。“ 佛八宝”是轮、螺、伞、盖、花、罐、鱼、长，“佛七宝”存在若干种说法。《法华经》中以金、银、琉璃、砗磲、玛瑙、珍珠、玫瑰为七宝，其中玫瑰就是玉石。《无量寿经》中以金、银、琉璃、砗磲、玛瑙、玻璃、珊瑚为七宝。《阿弥陀经》中以金、银、琉璃、砗磲、玛瑙、玻璃、珍珠为七宝。《般若经》中以金、银、琉璃、砗磲、玛瑙、琥珀、珊瑚为七宝。这些记载中，七宝的前五项都是相同的。在一些盛大的佛事中，会播撒七宝进行奠基，场面极其壮观。

仰韶文化半坡类型彩陶人面鱼纹盆
口径 36.5 厘米　陕西西安半坡遗址出土
中国国家博物馆藏

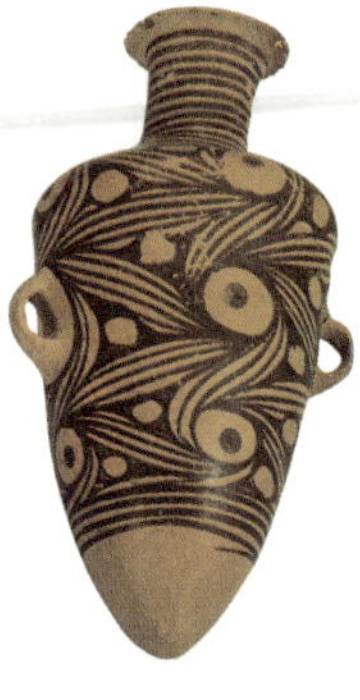

马家窑类型　彩陶旋涡纹尖底瓶
高 25.5 厘米
甘肃省博物馆藏

旧石器时代　骨饰
北京周口店山顶洞人
文化遗址出土

旧石器时代　骨针
长约 8.2 厘米　《中华五千年文化集刊》（服饰篇上，第 4 页）

“佛七宝”沿袭到日本，便成为一种名为“七宝烧”的瓷器，有点类似于中国的景泰蓝。景泰蓝在明代创烧成功后，很快传入日本，深受日本民众喜爱。在不知景泰蓝的制作工艺所需材料的情况下，日本工匠依据对明代景泰蓝的猜测，进行了直接模仿。这样误打误撞的仿制，反而在当地诞生了有别于明代景泰蓝的工艺——“七宝烧”。

19 世纪末至 20 世纪初　灰地疏竹鸡雏七宝烧坛式瓶
通高 56 厘米
日本制造　故宫博物院藏

这件日本“七宝烧”的年代较晚，距今约 100 多年，现存于故宫博物院。它的工艺有点类似于珐琅彩，也是烧制出来的。日本的“七宝烧”很漂亮，种类繁多。这种“七宝烧”并不常见，常见的“七宝烧”类似于景泰蓝和画珐琅。

3. 佛教的念珠一共有多少颗？

佛教的念珠共有108粒。念珠是念经时用来记数的，佛教认为人生有108种烦恼，因此念珠的108颗与佛教中的108种烦恼有关。念珠的中间是截珠，每一截是27粒，分为4截，共108颗。

隋唐时期，僧人已使用念珠，一则用来计数，一则用来静心，每天要数固定的遍数。很多老念珠非常漂亮，行话叫“包浆”，现在叫“盘”。一个人从20岁开始盘一串念珠，到80岁时念珠一定会出现包浆。

每个人在盘念珠时，都应怀有虔诚之心态。念珠的材质和价值并不重要，算计多了，烦恼也就多了。人生正是因为脱离世俗观念，去除烦恼的束缚，才能找到真正的快乐。

清代　珍珠数珠
故宫博物院藏

清代　嘎巴拉骨念珠

古玩门诊

古玩一

清晚期　太湖石仿生陶塑

这是一件用陶瓷仿生的太湖石，是一种釉陶制品，是用黏土烧制的，较重，较大。古人用陶瓷仿生的能力很强，可以做出多种动物，在汉陶俑和唐三彩中便有陶狗、三彩马等。明清以后，陶塑人物增多，其次是鸟、鱼、狗等。

仿生瓷是诞生于清代的一种制瓷工艺，以仿照各种物体乃至生物的形态为目的，乾隆年间尤为盛行。仿生瓷根据仿意不同，可大致分为造型类和装饰类。装饰类主要仿造器物材质，有仿木纹盒、仿漆器碗等。造型类则大都仿制已有物体的造型，有动物、瓜果、荷叶、书籍等，无不以假乱真，惟妙惟肖。

这件仿生太湖石的陶塑，通常不会摆放在院子中，因其体量太小，陈设在室内的。这种太湖石的审美标准是“瘦、皱、漏、透”：“瘦”是要求石头瘦削，“皱”要求石头表面有很多褶皱，“透”要求石头表面前后洞穿，“漏”要求石头从顶到底上下贯通。这四个优点缺一则不美。

它背面有两个字——“撷岫”，“撷”是撷取之意，也有兜起的意思。“岫”有两种意思，一个指山，另一个指山洞。“撷岫”的意思，便是将一座山，用一块太湖石的形式，浓缩成一个山景。可以将它摆放在家中，是一种微缩景观。

它大致是晚清时期的。当时很流行这种器物，距今100多年，保存至今依旧完好。曾经有人在这种太湖石外放了一个罩子，冬天时，在其中养了很多蝈蝈，蝈蝈的鸣叫声此起彼伏，是一种十分文雅的生活情趣。这种仿生太湖石陶塑通常放在室内的大条案上，在房间里自成一景。今天，人们也可以仿制这种器物，仿制作品虽然缺乏古旧感，但艺术感极强。

古玩二

清康熙　酱釉青花花卉纹碗

这是一只酱釉青花碗。它的底部有席纹款儿，这是清代康熙后期到雍正时期最流行的款识。这只碗的内部没有光泽，它是出水的，可能来自东南亚。出水的瓷器中，有很多是康熙年间的。当时中国的外贸能力很强，保守估计南海区域还有1000艘沉船。迄今为止，已知中国最早的一艘沉船是唐代的黑石号，曾经出水了几万件文物。

这只碗的表面暗淡无光，这与它所处的海水环境有关。出水文物有很多种，同样是在海水中浸泡，即使同一艘船上出水文物的状态，也有所不同。其中也有表面非常亮的，这是因为它们被包得非常严实，受到海水侵蚀较少，沉船后又迅速被海沙覆盖，因此保存较好。有些瓷器在水中浸泡，被海水中的盐分侵蚀，再加上瓷器自身的质量问题，如烧造温度不够高，硬度不够，就很容易被侵蚀。

这只碗是康熙年间的，距今300多年，是当时的外销瓷。这种酱釉是当年西方人最喜欢的，他们并不钟情于内外一致的青花色，更喜欢外面有一层酱釉，内部有青花的形式。碗的内部画得十分细致，一束菊花画得自然而然。其底足也是当时的常规做法。

古玩三

清顺治　款彩人物故事屏风

这是一组屏风中的一块，原本应是12扇，但目前仅存6扇半，这是其中的半扇。观复博物馆也有相似的十二扇屏，三米多高，宽40厘米。这块屏风从中部断开，是下半扇。

这块屏风的正面画了人物，还有太湖石，下面有一只独角兽。在中国古代，独角兽就是犀牛。屏风的背面是一段说明文字："史通政史司通政使右通政兵……左右参议光禄鸿胪二寺少卿……司郎中戊午科山西典试正主……事行人司行人江南丙午科……县知县年家弟，郑重顿首拜撰。"因为上半部分残缺，这段文字也不全，因此只能通过只言片语的含义，以及其中的官职说明来判断一些信息。这段文字写得十分漂亮，可见书写者是个有文化的人。

这块屏风上的工艺叫"款彩"。这种工艺需要首先准备一块平板，木材必须选用杉木，因为杉木中没有油分，不容易变形。杉木挂灰后髹黑漆，漆干后刻出图案，填入颜色，因此称为款彩。这块屏风上的颜色十分丰富，有绿色、灰色等。

款彩通常难以保存，因为它普遍偏早，流行于康熙年间，距今300多年，木材受潮后容易开裂。

其他六扇中，也有较为丰富的图案，比如其中一块上的龙纹，是一条四爪龙，而它的肿鼻子，提示了年份信息，这是顺治年间所绘龙的典型特征。屏风上的花卉也是清初最流行的风格。

这块屏风残破得较为严重，依旧保存下来，实属难得。保护这种残存的文物，是文明进步的标志。

古玩四

这是一条混杂珠串。它既非朝珠，也非佛珠。以朝珠的标准看，它少了一串"纪念"。以佛珠的标准看，它又多了"纪念"。这条珠串的材料极为特殊，它的绿色是染色的，原本的珠子是白色带着一点牙黄，珠子表面有清晰的纹饰。中间的隔珠是仿珊瑚“娃娃面”的，这些珠子都是老珠子。

串珠

绿色珠子的材质是海象牙，中国古代称之为“虬角”，但在古玩行业中，这两个字都有音变，读作“qiu（阴平）jue（阳平）”，而在古玩行业，珊瑚的“瑚”读作“hu（上声）”。很多外行人不懂这些字的读法，经常在沟通中闹笑话。

这串珠子的主体是虬角的，质地很好，也是古物，但穿法是新式的，而且上面的配珠与配饰原本也未必是同一条串珠上的。这种材质的串珠在今天已不多见了。

古玩五

这是一个笔舔，体量很小，通常用来放朱砂，以便于批文。可以蘸一蘸批上一两个字，也有可能用来写蝇头小楷。它的底款儿是“乾隆年制”。这个小笔舔的底款儿是草记款中写得最规整的，其中的 4 个字大小不同。

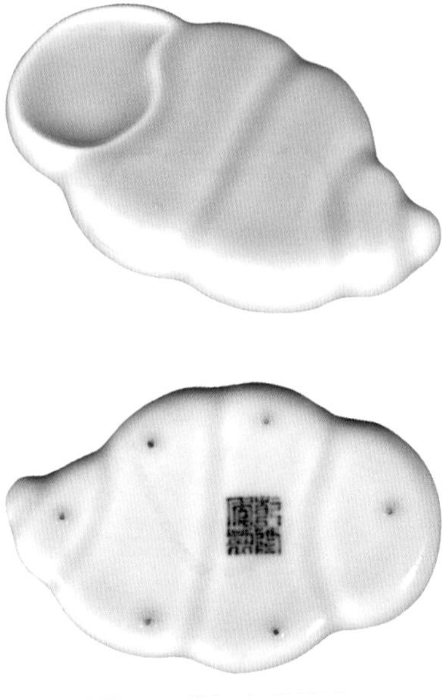

清乾隆　粉青釉螺形笔舔

这个笔舔是乾隆时期文人使用的文具，它的釉色是典型的粉青。这是青釉中最淡雅的颜色。它的造型是一个小青螺，通常摆放在案头，可赏玩，可用于写字。

银镯玉手暗生香

首饰体现了人们的文化追求。从头到脚，无论哪个部位的饰品，都是人们在生活中对美的追求。首饰，在古代又称“手饰”，原指手臂上的装饰。中国古代的装饰比现代多，现在只局限于腕部以下，古时的手饰则从上臂开始。

“手嫩者必聪，指尖者多慧，臂丰而腕厚者，必享珠围翠绕之荣。”在古代，美人的一颦一笑、一举一动之间，纤纤玉手是最为唯美的表达。在传世爱情的荡气回肠、跌宕起伏之间，手上的配饰则是海誓山盟的见证。从臂到腕再及指尖，这些装点于手间的金珠翠玉，历经了复杂的演变，又在古人美学追求的历史上，留下了难以磨灭的印记。

辽代　珍珠地瑞兽纹金戒指

观复博物馆藏

六朝　观音坐像纹金戒指
观复博物馆藏

上页和此图是两枚金戒指，分别属于辽代与六朝。六朝佛教盛兴，因此当时很多戒指上都有佛像。这枚六朝的戒指，形制略小，手感很好，因为戴的时间过长，戒面雕刻的画面略显模糊，但依稀能看到六朝佛像的坐姿，佛像形体略宽，十分闲适。

这枚辽代戒指较为厚重，戒面有一只瑞兽，略似狮子。其做工精美大气，很适合男性佩戴。不论是对于距今1000多年前的游牧民族来说，还是对于六朝的汉民族来说，戒指在当时不仅是一种财富象征，也是一种文化象征。这种文化气息在今天已不多见，今天的戒指更推崇财富价值，却忽略了很多文化价值。

这两枚戒指对今人更重要的意义，是其承载的文化信息。黄金在今天很常见，但在古代却非同小可。这两枚小戒指体现了古人在精神层面的追求。

下页图是两只明代的纯金手镯，镯上有两个相对的龙头。镯子尺寸比较小巧，原本应是一个瘦小女子佩戴的。

镯由臂钏演化而来。随着时代的变化，臂钏逐渐向下发展，到手腕处便被称为手镯。臂钏通常有很多圈，手镯通常只有一圈，因为手腕较短，无法容纳太多饰物。

“镯”原本是一种青铜器，其造型如同小钟，后来被移到手腕处作为装饰品，称为“手镯”。手镯在今天的生活中非常普遍，很多女性会佩戴手镯，以满足内心的文化需求。有的男性也佩戴手镯，但较为少见。

明代　龙首金镯
观复博物馆藏

1. 戒指从什么时候开始成为定情物？

戒指也叫“约指”。手上最重要的手饰是戒指，男性与女性都会佩戴，尤其在结婚时。

定情诗

魏晋·繁钦

我出东门游，邂逅承清尘。
思君即幽房，侍寝执衣巾。
时无桑中契，迫此路侧人。
我既媚君姿，君亦悦我颜。
何以致拳拳？绾臂双金环。
何以道殷勤？约指一双银。
何以致区区？耳中双明珠。
何以致叩叩？香囊系肘后。
何以致契阔？绕腕双跳脱。

在这首魏晋时期的诗歌中，一对青年男女出门游玩时，偶然相遇，眉来眼去。女子十分思念男子，又怕引人注意。他们相互之间很爱慕，为了表明心迹，用一对银戒指作为定情之物。戒指的历史上限，绝不止于魏晋，只不过汉魏以来才有文献记载，标志着戒指已经开始作为定情信物了。

明代《三馀赘笔》是一本笔记小说，其中有关于戒指的记载：“今世俗用金银为环，置于妇人指间，谓之戒指。按《诗》注：古者后妃群妾以礼进御于君，女史书其月日，授之以环，以进退之。生子月辰，以金环退之；当御者，以银环进之，著于左手；既御者，著十右手。事无大小，记以成法。则世俗之名戒指者，有来自矣。”

这则笔记说明，皇帝的嫔妃很多，需要轮流侍寝。女官会记录侍寝时间，也会给侍寝的嫔妃一个指环，以确定侍寝时间。如果后宫嫔妃生子，则会授予金指环，避免被临幸。嫔妃轮值侍寝，当晚将侍寝的，就将银指环戴在左手，侍寝完毕，就会将其戴在右手。在明朝，因为帝王后宫嫔妃众多，戒指作为一种提示，提醒君王是否可行房事。

由此可见，戒指最初的含义是定情，后来成为一种戒律，不能做某事，比如后宫嫔妃戴戒指，就是提醒君王她们是否适宜侍寝。

清代　金镶宝石戒指
径 1.9 厘米　面长 1.4 厘米
宽 1.3 厘米（取第一个）

清代　翠戒指内径 1.8 厘米

清代　上：珊瑚戒指　内径 1.6 厘米
清代　下：珊瑚戒指　内径 1.6 厘米

清代　白玉戒指　内径 1.6 厘米

戒指的样式种类繁多，上页左图是清代最常见的戒指，在民间很流行。戒指的金托儿上镶嵌宝石，俗称“金镶玉”。上页右图是一枚清代的翡翠戒指，具有十分漂亮的绿色。此外，也有珊瑚戒指和白玉戒指，后者较为常见。

2. 臂钏一般戴在大臂还是小臂？

今天手臂上的首饰通常是手镯或手链，古时有一种饰物叫“钏”，它通常戴在大臂上。

北宋时期的青釉观音坐像大臂上有钏。商代也有臂钏，是纯金的。明代的臂钏带有异域风格。

北宋　青釉观音坐像
高 23.5 厘米　温州市博物馆藏

商代　金臂钏
截面直径 0.3 厘米　钏直径 12.5 厘米　其中一只重 93.7 克　另一只重 9.8 克
北京市文物研究所藏

明代　凤纹金臂钏（一对）

臂钏最初名为“跳脱”，也叫“条脱”，通常是金属制品，因为金属具有良好的延展性。唐朝以前臂钏很流行，当时人们经常露出臂膀，十分性感。唐代之后中国文化趋于保守，年轻女子很少袒露臂膀。女性肌肤柔美细腻，佩戴臂钏十分美观

3. 清代指甲套大约有多长？

古代有一种在今天不常用的手饰，便是指甲套。清代的指甲套大约有三寸长（约 10 厘米），在一些文献记载中对此有说明。

《清宫禁二年记》记载：“右手罩以金护指，长约三寸。左手两指，罩以玉护指，长短与右手同。”

清代　金簪古钱纹指甲套
长 5.2 厘米　故宫博物院藏

清代　银镀金珠石累丝指甲套（一对）
长 9 厘米　故宫博物院藏

清代有很多人戴金护指，他们都是不从事生产劳动的人。今天，护指在日常生活中会给人们带来不便，而在古代，一个纯金的护指，不仅能保护指甲，也是财富的象征。

指甲的美化，反映了中华民族对美的追求，以及生活的富足程度。从指甲套到美甲，也是一种美的传承。

慈禧照片

古玩门诊

古玩一

清乾隆　青花菊花纹盘

这是一块青花瓷盘，主体图案是菊花。其画法十分典型，画的是正面菊花，如同大丽花。画片上的“半菊”画的是菊花的侧面，这便是中国画与西方素描画的不同之处。中国画不考虑器物的立体转换，只从平面角度出发，简单地用半朵菊花来表示菊花的侧面。

这块盘子的色泽相对纯正，是乾隆时期的标准色。这是当时民窑中较为标准的色泽，偏灰，通常官窑的颜色更亮。

这块青花盘是乾隆年间的，距今200多年。这是一件外销瓷，装饰风格是中国的传统图案，但为了满足西方人的需求，画得很满。它并不亮，且来自东南亚，有可能是沉船中的出水器物。

古玩二

这是一个青花炉。与寻常香炉不同，其底部有一块凸起，一般的香炉的中间会下陷，但这个香炉中间凸起，十分少见。青花炉的内部胎质较为特殊，有干裂现象，这是福建烧制的一种瓷器，带有福建瓷器的特征。

清中期　青花花卉纹三足炉

它属于清代中期，距今200多年。它是福建德化地区烧制的，炉口处的瑕疵是当年烧制时留下的。德化窑的釉通常较稠，因此会出现这种情况。这种缺陷正是其工艺特点之一，也是鉴别它的一个标准。

炉内出现了一点火石红。这是在瓷器烧造过程中，由于水汽等一些特殊因素而形成的。其口部的纹路与蚯蚓走泥纹不同，纹理并不平整。

古玩三

清晚期　翡翠镯子

这是两只翡翠镯子，过去这种镯子较为常见。翡翠的新老判断起来较为容易，新品受材料局限，容易辨认。其中的一只手镯经过了抛光。

这两只镯子中，一只石性很重，另一只略带水头，还有一点让人喜爱的绿色。

这两只翡翠镯子都是晚清时期的。这种镯子在当时很流行，有很多留存至今。

锦衣玉饰品斑斓

前文介绍了古代配饰中的佩玉、带钩、腰饰、发饰、手饰，本章将对古代配饰进行总结。

清代　白玉浮雕骏马诗文扳指　直径 3.4 厘米

清代　翡翠扳指　直径 3.2 厘米　故宫博物院藏

这是两个清代扳指。其中一个是白玉的，带有纹饰，图案中刻了一匹马，此外还有文字以及陆子冈的款儿。陆子冈是明朝玉器雕刻大师，但这件白玉扳指并非明代的，在清代，陆子冈款儿是一种寄托款儿。这个白玉扳指雕工精美，玉料是最上等的羊脂白玉。

另一个扳指是素面的，质地是翡翠，带有一点绿色和紫色，紫色又名紫罗兰，它的紫色十分美丽。这么大的筒状扳指通常都是清代的。通过这两个扳指，人们可以领略清代的文化特征。

这是一个长命银锁，在古时是孩子佩戴的，其背后有文字“百家宝锁”。这种形制夸张的百家锁，通常是在孩子过生日或重大节日时才会佩戴，日常则不方便佩戴。

清代 “百家保”长命银锁 观复博物馆藏

这是清代北方地区最常见的长命锁，寄托了人们对孩子的期望。在古代社会，生活较为艰苦，生存不易，人的一生不仅要与自然斗争，还要与疾病和各种困难斗争，百家锁是一种文化寄托和传承。

今天的孩子不再佩戴百家锁，但依旧有家长会为孩子佩戴玉锁，这是一种传统习俗。中国的传统文化有无尽的力量，给了今人很多启示，这并非迷信，而是希望人们更加注重本民族文化的传承，提升自身的精神境界，追求更高品质的生活。

1. 翎子一般分为花翎、蓝翎和染蓝翎三种，请问“花翎”分为几个等级？

清代有一种独特的配饰叫“翎管”，花翎由“翎管”和“翎子”组成，通常分为三类，一类是“花翎”，一类是“蓝翎”，一类是“染蓝翎”。

顶戴花翎位于官帽上，用以表示品阶。官帽分为两种，一种是夏天戴的“凉帽”，一种是冬天戴的“暖帽”。官帽后方缀有翎管，翎子就在翎管中。如果官员失去官职，则会被摘去顶戴花翎，也就是将翎子从翎管中拔出，这时官员就被罢免了。

顶戴礼帽以藤篾编制，或以皮缎制成，顶端缀有顶珠，多用贵重金属和宝石制成。顶珠下的翎管为白玉或翡翠质地。花翎是翎子的最高等级，在清朝历史中，所有花翎的赏赐和收回都是非同小可的事件。顶戴花翎这一清代特有的宫廷饰物，也成为大清王朝的象征之一。

顶戴花翎中的一眼花翎，即孔雀毛翎子上有一只眼，原参赞大臣西安提督哈国兴像中就是一眼花翎。通过花翎的眼，人们可以知道官员的身份。和硕特贝勒功格戴的是双眼花翎，土尔扈特部落头领戴的是三眼花翎。

清代的花翎只有三个等级，分别是一眼、双眼和三眼。花翎有“例戴”，官员须按例佩戴花翎。第一等级是宗室贝子，也就是皇亲国戚，都戴三眼花翎。第二等级的镇国公、辅国公戴双眼花翎。第三等级的镇国将军、辅国将军戴一眼花翎。

原参赞大臣西安提督哈国兴像

李鸿章

曾国藩

除了按照惯例戴花翎外，还有“赐戴”，即使不是皇亲国戚、镇国将军，但被皇帝看重，破格提升，也可以佩戴花翎。晚清大臣李鸿章就被赏赐三眼顶戴花翎。李鸿章是汉族人，并非满族人，更不是皇亲国戚，由此可见清廷对他的重视。曾国藩、左宗棠曾经被赏赐过双眼花翎。

清代　翡翠翎管
高 7.4 厘米
故宫博物院藏

清代　翡翠翎管（一对）
高 6.7 厘米
故宫博物院藏

2. 扳指一般戴在哪只手上？

扳指是射箭时的用品，通常戴在右手上。一般人射箭都是左手执弓，右手拉弦，为了保护拉弦的拇指，所以通常戴在右手上。

清代谢堃的《金玉琐碎》记载：“扳指，即诗所云童子佩韘之韘也；注韘决也，以象骨为之，著右手大指所以钩弦也。好事者琢玉为之，美其饰也。或曰所制非古，盖未审韘之义，且见近所制甚多故耳。”

这说明扳指通常戴在右手大指上，用于钩弦，防止手指被弦钩伤。早期的扳指不是玉的，后期为了美观耐用，才制作玉质的扳指，但并非古制。

商代　玉扳指
高 2.7~3.8 厘米中国社会科学院考古研究所藏

宋或稍晚　玉光素韘
长 4 厘米　故宫博物院藏

清乾隆　碧玉刻诗扳指
直径 2.9 厘米　故宫博物院藏

中国从商代就开始使用扳指，妇好墓曾经出土了商代的玉扳指。扳指在宋代被称为“韘”。清代还有碧玉材质的扳指，也有在扳指上刻诗文的。故宫博物院收藏的通体碧绿的翠扳指，十分漂亮。

扳指变成一种美化的饰物是从清代开始的。清朝入关以后，皇帝警告子孙不能忘本，对马背上得天下的民族来说，习武非常重要。

清代后期，国运衰落，扳指沦为玩物，也演变出很多品种，不仅有白玉和翡翠质地的，还有沉香、犀角、金属、玻璃、玛瑙、象牙等材质的。人们会将喜欢的材质做成扳指，戴在手上，将其变成手中的玩物，作为相互炫耀的饰物。

清乾隆　水晶、绞料、沉香扳指

犀角扳指

直径 3 厘米　乾隆御题款　嘉德四季（2010 年 9 月 18 日）

3. 贾宝玉戴的是玉，薛宝钗戴的是什么？

古代的小孩都会佩戴长命锁。《红楼梦》中贾宝玉戴的是玉，薛宝钗戴的是金锁。“金玉良缘”是《红楼梦》的主题之一，贾宝玉戴的玉上有字——“莫失莫忘，仙寿恒昌”。薛宝钗戴的金锁上也有字——“不离不弃，芳龄永继”。两个正好是一对儿。

古代社会医疗条件有限，新生儿死亡率较高。“锁”取其字面意义，即锁住生命，不让其消亡，因此孩子出生后，大人都会给孩子佩戴长命锁。

人的身份不同，所戴的锁也不同，富家子弟戴金锁、玉锁，贫寒人家的孩子戴银锁、铜锁。流传至今最多的是银锁。锁上通常会有字，或做各种装饰，比如清代的一些锁上会写“长命百岁”，或者有“喜”字，缀着铃铛，孩童走路时就会叮当作响。少数民族也会戴锁，形制相对复杂。

古玩门诊

古玩一

南宋　广东窑口白釉刻花花卉纹瓶

这是一个白瓷花瓶，表面呈白色，略微泛灰。它的胎土不够好，因此不够白，瓶底无釉处有点发灰。其釉面略稀薄。

这个白瓷瓶的装饰风格比较随意，十分粗犷，是用刀简单刻画的，颈部全是弦纹。弦纹的主要功能是防滑，此外也有装饰性。北宋龙泉窑的梅瓶上整体都是弦纹，一圈圈很有节奏感。

这个白瓷瓶产于广东福建的窑口，其瓷土没有景德镇的质量好。从造型上看，它更近似元代的龙泉窑造型，但其年份是南宋晚期，只不过带有一些元代特征。

古玩二

这是一个带扣，其背面有扣，能够卡住皮带。它是金元时期的产物，距今 500 至 800 年了。

金元时期　铜鎏金玉带扣

带扣正面的图案具有鲜明的时代风格，整个表面都有网状的切割纹，很像现代机器制造的。其实，这种切割纹是不等距的，是手工快速划出来的。这是金元时期的典型工艺特征。明清以后，这种切割纹逐渐消失。这种网格纹饰的表达方式，在今天依旧有所应用，钞票表面的图案就布满了网格。

这个带扣的玉料原本是一块玉皮子，即做其他器物后剩下的边角料。工匠利用其皮色进行巧妙的雕刻，图案是花鸟图，有花卉和飞鸟。其中，一只飞鸟回头观望，另一只直视前方，两只鸟相互呼应，十分有趣。

古玩三

宋明时期　玉雕持荷童子摆件

这是一块玉雕件，既可以作为摆件，也可以当成玉坠或手把件。其尺寸正好可以被握在掌中。这块玉料带有玉皮子，利用皮色进行了巧雕，做出荷叶形。这是一片秋天的荷叶，略微枯萎。荷叶下有一个小孩，即“持荷童子”，寓意“连生贵子”。“连生贵子”是农业社会中人们长久以来的愿望。

这种题材的玉器在宋、元、明、清都非常流行，其年份是宋明时期。这件玉器更接近明代，距今至少四五百年。经过长年把玩，它已十分温润，其荷叶玉莲蓬下有孔，可以穿绳系在腰间。它具有浓厚的文化含义，无论是作为把件把玩，还是作为摆件放在案头，都别有韵味。

古玩四

清代　翡翠烟嘴

这是三个翡翠烟嘴，在清代和民国时期很常见。这三个烟嘴的质地较好，其中有很漂亮的玻璃种翡翠。烟嘴并非直接用来吸烟，需要将它们插在烟袋的烟杆上使用。

今天，烟嘴的功能基本消失了，无法再用于抽烟。现代的香烟都有过滤嘴。

现在，这种烟嘴都成了一种把玩器物。有人甚至将它当作吊坠挂在胸前，以提醒自己戒烟。

这三个烟嘴的形状略有不同，有八棱形的，也有圆形的。古代制作烟嘴的工艺十分讲究，堪比机器磨制，因此它们十分标准规矩。这种烟嘴一般都是清代的，清中期以后，略有身份地位以及家境富裕者，都会用较好的烟嘴。除了翡翠的，这种烟嘴也有白玉材质的，尺寸比翡翠烟嘴略大。

历史在向前推进，一旦时过境迁，很多器物便会失去用武之地。今天，戒烟是一种大趋势，吸烟者会越来越少。终有一天，再无人吸烟，这种烟嘴未必会有人认识。

主题歌《醉文明》

作词：马未都　作曲：张亚东　演唱：纪敏佳

（第一节）
琵琶半抱，心曲一首
玉碗斟满葡萄酒
雾里看花，欲说还休
千呼万唤总是愁
山重水复，柳暗花明
疑惑重重何时休
几千年文化层层积累
为什么我却总也看不透？

（第二节）
商鼎周彝，和璧随珠
战国错金玉带钩
秦俑汉陶，晋帖唐画
宋瓷缂丝漆器秀
竹木牙角，花梨紫檀
天工开物件件优
灿烂的艺术古今享受
凭借我巧匠良工来铸就

（第三节）
禹夏殷商，西周春秋
战国七雄秦朝收
西汉东汉，三国两晋
南朝江水北朝丘
隋唐五代，辽宋金元
明朝冬夏清朝秋
这样的历史谁能拥有
唯有我中华民族万古流

（副歌）
置一桌坐一椅摆一花瓶，如对美人
挂一画佩一玉吟一情诗，尽得风流

图书在版编目（CIP）数据

醉文明：收藏马未都 .10/ 马未都著 .-- 北京：
中信出版社，2019.7（2021.7重印）
ISBN 978-7-5217 0679-6

I. ①醉… II. ①马… III. ①收藏—基本知识 IV.
① G262

中国版本图书馆 CIP 数据核字（2019）第 103139 号

醉文明——收藏马未都 .10

著　　者：马未都
出版发行：中信出版集团股份有限公司
（北京市朝阳区惠新东街甲 4 号富盛大厦 2 座　邮编　100029）
承 印 者：北京盛通印刷股份有限公司

开　　本：880mm × 1230mm　1/32　　印　　张：10.5　　字　　数：270 千字
版　　次：2019 年 7 月第 1 版　　印　　次：2021 年 7 月第 4 次印刷
书　　号：ISBN 978-7-5217-0679-6
定　　价：68.00 元